школа - ကျောင်း — 2

подорож - ခရီးသွားသည် — 5

транспорт - သယ်ယူပို့ဆောင်ရေး — 8

місто - မြို့တော် — 10

ландшафт - ရှုခင်း — 14

ресторан - စားသောက်ဆိုင် — 17

супермаркет - စူပါမားကတ် — 20

напої - သောက်စရာများ — 22

їжа - အစားအစာ — 23

ферма - လယ်ယာ — 27

дім - အိမ် — 31

вітальня - ဧည့်ခန်း — 33

кухня - မီးဖိုချောင် — 35

ванна кімната - ရေချိုးခန်း — 38

дитяча кімната - ကလေး အခန်း — 42

одяг - အဝတ်အစား — 44

офіс - ရုံးခန်း — 49

економіка - စီးပွားရေး — 51

професії - အလုပ်အကိုင်များ — 53

інструменти - ကိရိယာ တန်ဆာပလာများ — 56

музичні інструменти - ဂီတတူရိယာများ — 57

зоопарк - တိရိစ္ဆာန်ရုံ — 59

спорт - အားကစားများ — 62

дії - လှုပ်ရှားမှုများ — 63

сім'я - မိသားစု — 67

тіло - ကိုယ်ခန္ဓာ — 68

лікарня - ဆေးရုံ — 72

аварійний випадок - အရေးပေါ် — 76

Земля - ကမ္ဘာမြေကြီး — 77

годинник - နာရီ — 79

тиждень - ရက်သတ္တပတ် — 80

рік - နှစ် — 81

форми - ပုံစံများ — 83

фарби - အရောင်များ — 84

протилежності - ဆန့်ကျင်ဖက်များ — 85

числа - နံပါတ်များ — 88

мови - ဘာသာစကားများ — 90

хто / що / як - ဘယ်သူ / ဘာ / ဘယ်လိုပုံ — 91

де - ဘယ်နေရာလဲ — 92

Impressum
Verlag: BABADADA GmbH, Nedderfeld 112 , 22529 Hamburg
Geschäftsführer / Verlagsleitung: Harald Hof
Druck: Books on Demand GmbH, In de Tarpen 42, 22848 Norderstedt

Imprint
Publisher: BABADADA GmbH, Nedderfeld 112 , 22529 Hamburg, Germany
Managing Director / Publishing direction: Harald Hof
Print: Books on Demand GmbH, In de Tarpen 42, 22848 Norderstedt, Germany

школа

ကျောင်း

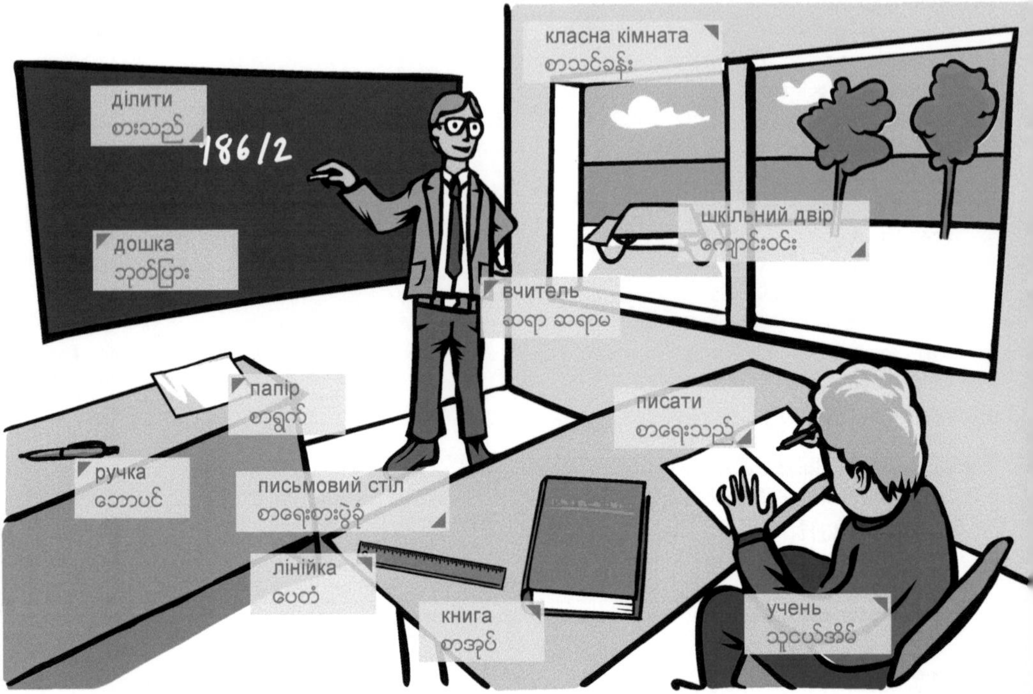

класна кімната
စာသင်ခန်း
ділити
စားသည်
186/2
дошка
ဘုတ်ပြား
вчитель
ဆရာ ဆရာမ
шкільний двір
ကျောင်းဝင်း
папір
စာရွက်
писати
စာရေးသည်
ручка
ဘောပင်
письмовий стіл
စာရေးစားပွဲခုံ
лінійка
ပေတံ
книга
စာအုပ်
учень
သူငယ်အိမ်

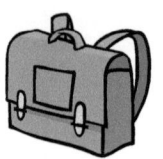

ранець

အဖုံးပါ ဘေးလွယ်အိတ်

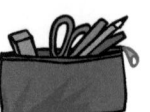

пенал

ခဲတံဘူး

олівець

ခဲတံ

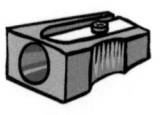

точило

ချွန်စက်

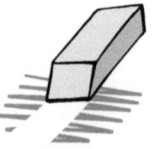

гумка

ခဲဖျက်

альбом для малювання

ပုံဆွဲစာအုပ်

малюнок

ပုံဆွဲခြင်း

пензель

ဆေးခြယ်သည့် စုပ်တံ

коробка фарб

အရောင်စုံ ဖူး

ножиці

ကပ်ကြေး

клей

ကော်

зошит

လေ့ကျင့်ခန်းစာအုပ်

домашнє завдання

အိမ်စာ

12

число

နံပါတ်

2+2

додавати

ပေါင်းသည်

5−2

віднімати

နုတ်သည်

2×2

множити

မြှောက်သည်

рахувати

တွက်ပါ

A

літера

စာ

ABCDEFG HIJKLMN OPQRSTU VWXYZ

абетка

အက္ခရာ

hello

слово

စကားလုံး

текст

ဖတ်စာအုပ်

читати

ဖတ်သည်

крейда

မြေဖြူ

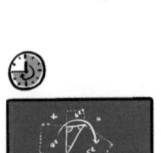

година

သခ်န်းစာ

класний журнал

ကျောင်းခေါ်ချိန်
မှတ်တမ်းစာအုပ်

екзамен

စာမေးပွဲ

диплом

အထောက်အထားလက်မှတ်

шкільна форма

ကျောင်းဝတ်စုံ

освіта

ပညာရေး

лексикон

စွယ်စုံကျမ်း

університет

တက္ကသိုလ်

мікроскоп

အနကြည့်မှန်ပြောင်း

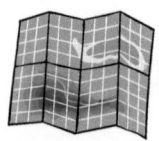

карта

မြေပုံ

кошик для паперу

အမှိုက်စွန့်ပုံး

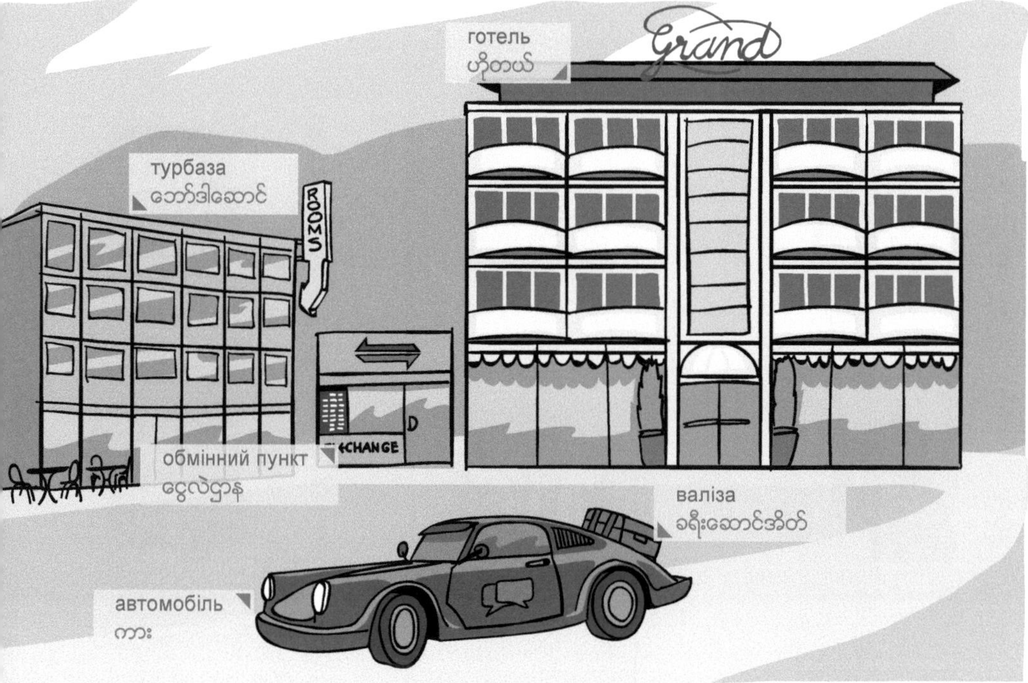

готель
ဟိုတယ်

турбаза
ဘော်ဒါဆောင်

обмінний пункт
ငွေလဲဌာန

валіза
ခရီးဆောင်အိတ်

автомобіль
ကား

мова
ဘာသာစကား

так / ні
မှန် / မှား

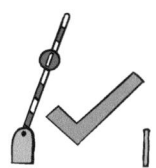

добре
အိုကေ

привіт
ဟယ်လို

перекладач
ဘာသာပြန်

дякую
ကျေးဇူးတင်ပါတယ်

Скільки коштує ...?

......က ဘယ်လောက်လဲ။

Я не розумію

ကျွန်ုပ် နားမလည်ဘူး

проблема

ပြဿနာ

Добрий вечір!

မင်္ဂလာ ညနေခင်းပါ။

Доброго ранку!

မင်္ဂလာ နံနက်ခင်းပါ။

На добраніч!

မင်္ဂလာ ညပါ။

До побачення

ဘိုင်းဘိုင်

напрямок

ဦးတည်ရာ

багаж

ခရီးဆောင်သေတ္တာ

сумка

အိတ်

рюкзак

ကျောပိုးအိတ်

гість

ဧည့်သည်

кімната

အခန်း

спальний мішок

တစ်ကိုယ်စာအိပ်ယာလိပ်

намет

ရွက်ထည်တဲ

туристична інформація

ခရီးသွားရောင်းသည့်အတွက်
သတင်းအချက်အလက်

пляж

ကမ်းခြေ

кредитна картка

အကြွေးဝယ်ကတ်

сніданок

နံနက်စာ

обід

နေ့လည်စာ

вечеря

ညစာ

квиток

လက်မှတ်

ліфт

ဓာတ်လှေကား

поштова марка

တံဆိပ်ခေါင်း

межа

နယ်စပ်

митниця

အခွန်များ

посольство

သံရုံး

віза

ဗီဇာ

паспорт

နိုင်ငံကူးလက်မှတ်

транспорт
သယ်ယူပို့ဆောင်ရေး

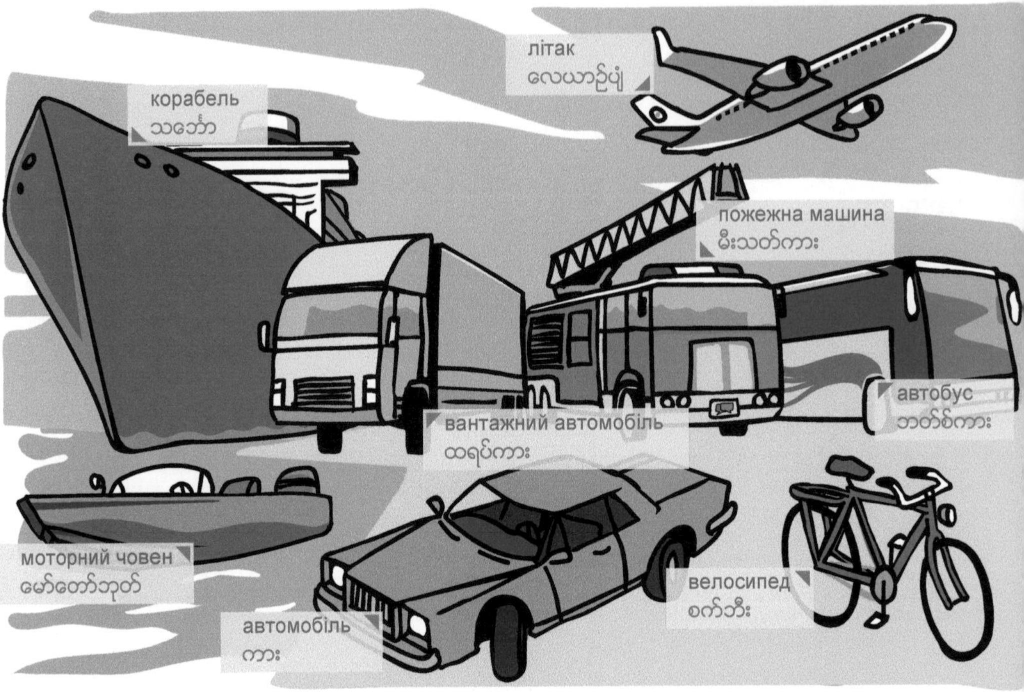

літак
လေယာဉ်ပျံ
корабель
သင်္ဘော
пожежна машина
မီးသတ်ကား
автобус
ဘတ်စ်ကား
вантажний автомобіль
ထရပ်ကား
моторний човен
မော်တော်ဘုတ်
велосипед
စက်ဘီး
автомобіль
ကား

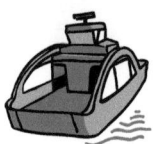

пором

ဖယ်ရီသင်္ဘော

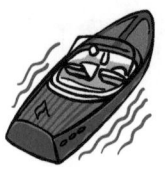

човен

လှေ

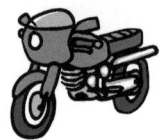

мотоцикл

မော်တော်ဆိုက်ကယ်

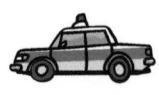

поліцейська машина

ရဲကား

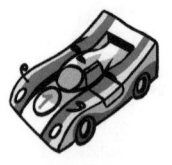

гоночний автомобіль

ပြိုင်ကား

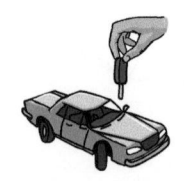

автомобіль на прокат

စင်းလုံးငှားကား

спільне користування авто

ကားဝေမျှသုံးစွဲခြင်း

евакуатор

ပျက်နေသော ထရပ်ကား

сміттєвоз

အမှိုက်သယ်ယာဉ်

двигун

မော်တာ

паливо

လောင်စာ

автозаправна станція

ဓာတ်ဆီဆိုင်

дорожній знак

လမ်းကြောပြ ဆိုင်းဘုတ်

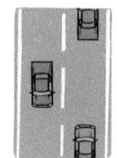

рух

ယာဉ်အသွားအလာ

затор

လမ်းကြောပိတ်ဆို့မှု

стоянка

ကားရပ်နားရာနေရာ

вокзал

ရထားဘူတာရုံ

рейки

လမ်းကြောင်းများ

потяг

ရထား

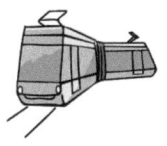

трамвай

ဓာတ်ရထား

вагон

ရထားလုံး

гелікоптер

ဟယ်လီကော်ပီတာ

аеропорт

လေဆိပ်

вежа

တာဝါ

пасажир

ခရီးသည်

контейнер

ထည့်စရာပုံး

коробка

ကတ်ထူပုံး

візок

လှည်း

кошик

ခြင်း

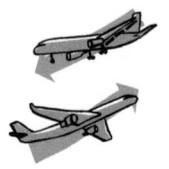

стартувати / приземлятися

ထွက်ခွာ / ဆိုက်ရောက်

місто
မြို့တော်

село

ကျေးရွာ

центр міста

မြို့လယ်ခေါင်

дім

အိမ်

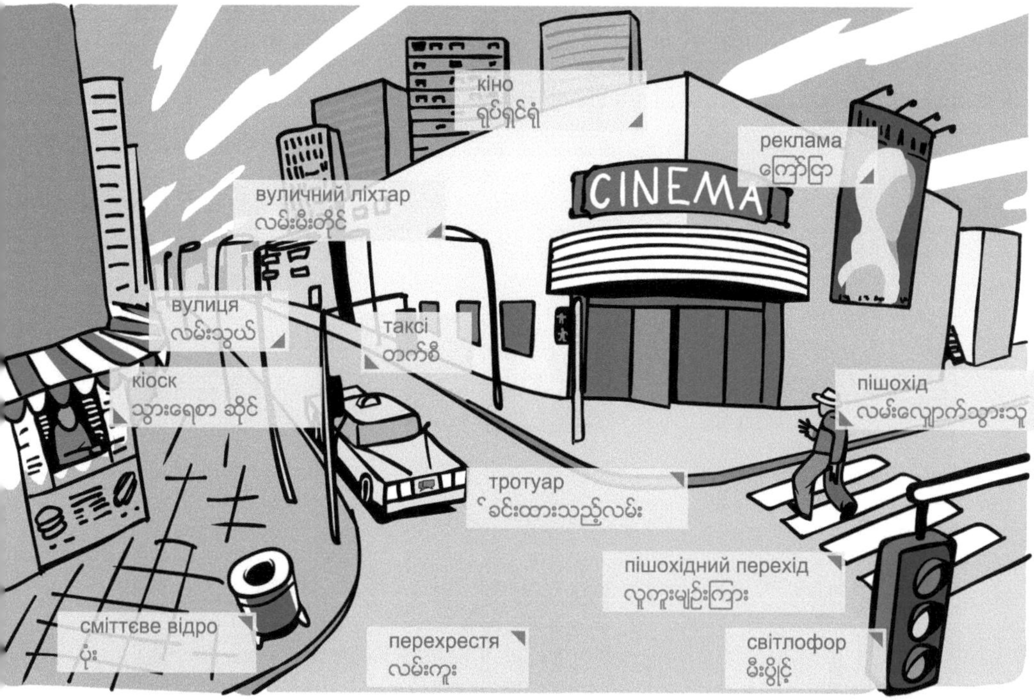

CINEMA
кіно
ရုပ်ရှင်ရုံ
реклама
ကြော်ငြာ
вуличний ліхтар
လမ်းမီးတိုင်
вулиця
လမ်းသွယ်
таксі
တက်စီ
кіоск
သွားရေစာ ဆိုင်
пішохід
လမ်းလျှောက်သွားသူ
тротуар
ခင်းထားသည့်လမ်း
пішохідний перехід
လူကူးမျဉ်းကြား
сміттєве відро
ပုံး
перехрестя
လမ်းကူး
світлофор
မီးပွိုင့်

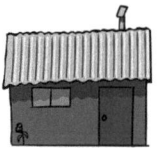

хатина

တဲအိမ်

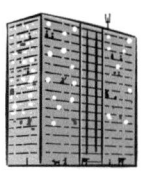

квартира

နေအိမ်ခန်း

вокзал

ရထားဘူတာရုံ

ратуша

မြို့တော်ခန်းမ

MUSEUM

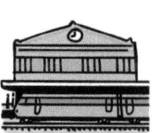

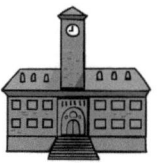

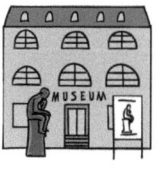

музей

ပြတိုက်

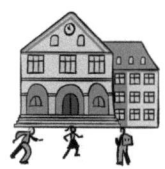

школа

ကျောင်း

університет

တက္ကသိုလ်

банк

ဘဏ်

лікарня

ဆေးရုံ

готель

ဟိုတယ်

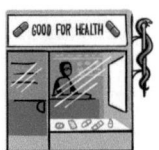

аптека

ဆေးဆိုင်

офіс

ရုံးခန်း

книжковий магазин

စာအုပ်ဆိုင်

магазин

ဆိုင်

квітковий магазин

ပန်းရောင်းသူ၏

супермаркет

စူပါမားကတ်

ринок

ဈေး

універмаг

ပစ္စည်းမျိုးစုံရောင်းသည့်
စတိုးဆိုင်ကြီး

торговець рибою

ငါးရောင်းသူ၏

торговельний центр

ဈေးဝယ်စင်တာ

гавань

သင်္ဘောဆိပ်

парк

အနားယူပန်းခြံ

лава

ထိုင်ခုံတန်း

міст

တံတား

сходи

လှေကားထစ်များ

метро

မြေအောက်

тунель

ဥမင်လိုဏ်ခေါင်း

автобусна зупинка

ဘတ်စ်ကားမှတ်တိုင်

бар

ဘား

ресторан

စားသောက်ဆိုင်

поштова скринька

စာတိုက်သေတ္တာ

вулична табличка

လမ်းဆိုင်းဘုတ်

лічильник паркування

ကားရပ်နားခ ကောက်ခံသည့် မီတာ

зоопарк

တိရိစ္ဆာန်ရုံ

басейн

ရေကူးကန်

мечеть

ဗလီ

ферма
လယ်ယာ

забруднення навколишнього середовища
ညစ်ညမ်းမှု

кладовище
သချႋုင်းကုန်း

церква
ဘုရားရှိခိုးကျောင်း

дитячий майданчик
ကစားကွင်း

храм
ဘုရားကျောင်း

ландшафт
ရှုခင်း

листок
သစ်ရွက်

вказівний стовп
ဆိုင်းဘုတ်

шлях
လမ်း

луг
မြက်ခင်း

камінь
ကျောက်တုံး

дерево
သစ်ပင်

мандрівник
တောင်တက်သမား

річка
မြစ်

трава
မြက်

квітка
ပန်း

долина

တောင်ကြား

гора

တောင်ကုန်း

озеро

ရေကန်

ліс

သစ်တော

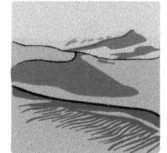

пустеля

သဲကန္တာရ

вулкан

မီးတောင်

замок

ရဲတိုက်

веселка

သက်တန့်

гриб

မှို

пальма

ထန်းပင်

комар

ခြင်

муха

ပျံသန်းသည်

мурашка

ပုရွက်ဆိတ်

бджола

ပျား

павук

ပင့်ကူ

жук

ပိုးတောင်မာ

жаба

ဖား

вивірка

ရှဉ့်

їжак

ဖြူကောင်

заєць

ယုန်

сова

ဇီးကွက်

птах

ငှက်

лебідь

ငန်း

кабан

တောဝက်

олень

သမင်

лось

ချိုဖြားဒရယ်

гребля

ဆည်

вітряк

လေအားသုံး
လျှပ်စစ်ဓာတ်အားပေးစက်

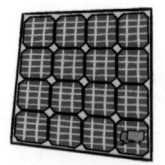

сонячний модуль

နေရောင်ခြည်ခံပြား

клімат

ရာသီဥတု

ресторан
စားသောက်ဆိုင်

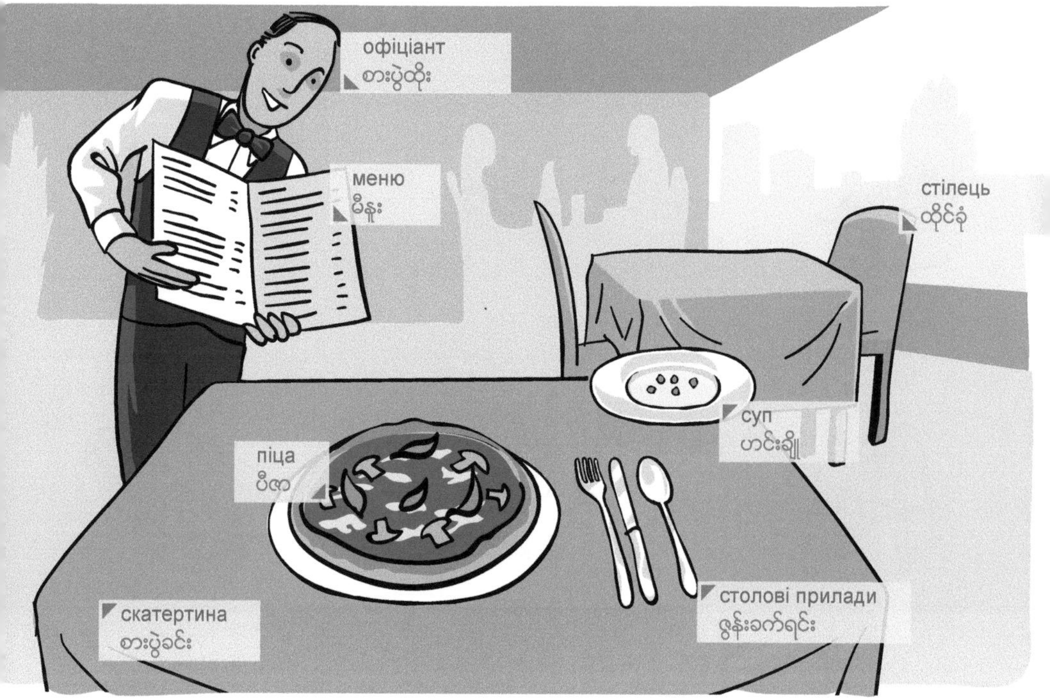

офіціант
စားပွဲထိုး
меню
မီနူး
стілець
ထိုင်ခုံ
суп
ဟင်းချို
піца
ပီဇာ
скатертина
စားပွဲခင်း
столові прилади
ဇွန်းခက်ရင်း

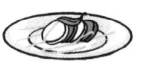

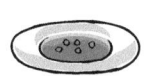

закуска

ပထမဆုံး စားသည့် အစာ

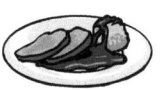

друга страва

ပင်မ အစာ

десерт

အချိုပွဲ

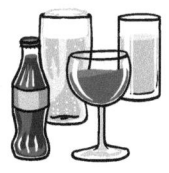

напої

သောက်စရာများ

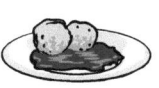

їжа

အစားအစာ

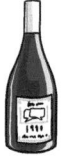

пляшка

ပုလင်း

фаст-фуд

အသင့်ပြင်ပြီးသား အစားအစာ

вулична їжа

လမ်းဘေးအစားအစာ

чайник

လက်ဖက်ရည်အိုး သို့မဟုတ်
ရေနွေးကြမ်းအိုး

цукорниця

သကြားအိုး

порція

တစ်ယောက်စာ

еспресо-машина

အက်စက်ပရက်ဆို ကော်ဖီစက်

високий стільчик

ထိုင်ခုံအမြင့်

рахунок

ငွေတောင်းခံလွှာ

піднос

ပန်း

ніж

ဓါး

вилка

ခက်ရင်း

ложка

ဇွန်း

чайна ложка

လက်ဖက်ရည်ဇွန်း

серветка

လက်သုတ်ပုဝါ

склянка

ရေသောက်ဖန်ခွက်

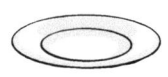

тарілка

ပန်းကန်ပြား

тарілка для супу

ဟင်းချိုပန်းကန်ပြား

блюдце

ပန်းကန်ပြား

соус

ဆော့စ်

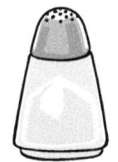

солонка

ဆားအိုး

млин для перцю

ငရုတ်ကောင်းချေစက်

оцет

ရှာလကာရည်

масло

ဆီ

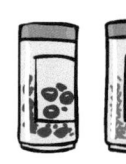

спеції

ဟင်းခတ်အမွှေးအကြိုင်

кетчуп

ခရမ်းချဉ်သီးဆော့စ်

гірчиця

မုန်ညင်းဆီဆော့စ်

майонез

မယိုးနိစ်

супермаркет

စူပါမားကတ်

пропозиція
အထူးကမ်းလှမ်းချက်
FOR
клієнт
ဖောက်သည် သို့မဟုတ် ဈေးဝယ်သူ
молочні продукти
နို့ထွက်ပစ္စည်း
фрукти
သစ်သီး
візок для покупок
ထရော်လီလှည်း

BUTCHERS

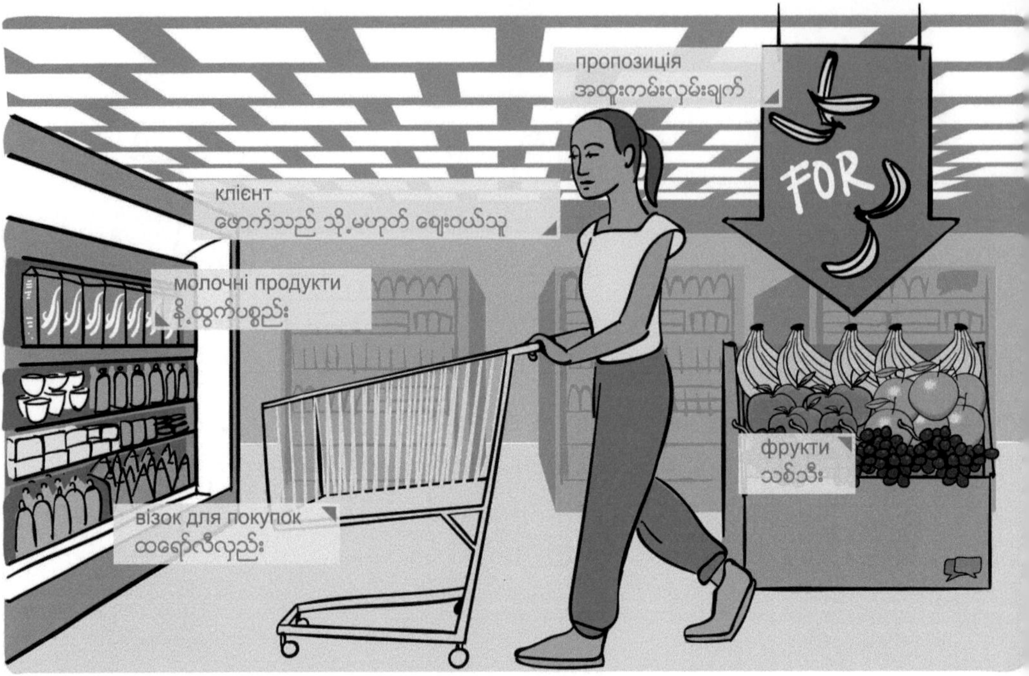

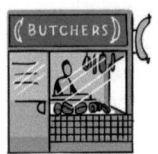

м'ясний магазин

သားသတ်သမားဆိုင်

BAKERY

пекарня

မုန့်ဖုတ်သမားဆိုင်

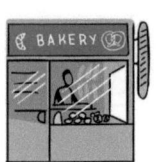

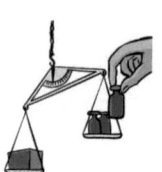

зважувати

အလေးချိန်သည်

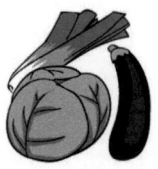

овочі

ဟင်းသီးဟင်းရွက်

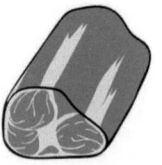

м'ясо

အသား

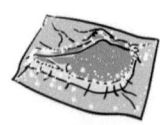

заморожені продукти

အေးခဲထားသည့် အစားအစာ

ковбасна нарізка

ပြင်ဆင်ထားသော အသားအေး

консерви

သံဗူးသွပ် အစားအစာ

пральний порошок

ဆပ်ပြာမှုန့်

солодощі

သကြားလုံးများ

предмети домашнього побуту

အိမ်သုံး ပစ္စည်းများ

мийний засіб

သန့်ရှင်းရေး ပစ္စည်းများ

продавщиця

ဈေးရောင်းသူ

каса

အထိ

касир

ငွေကိုင်

список покупок

ဈေးဝယ်စာရင်း

часи роботи

ဖွင့်ချိန်နာရီများ

гаманець

အိတ်ဆောင် ပိုက်ဆံအိတ်

кредитна картка

အကြွေးဝယ်ကတ်

сумка

အိတ်

поліетиленовий пакет

ပလတ်စတစ်အိတ်

вода

ရေ

сік

သစ်သီးဖျော်ရည်

молоко

နွားနို့

кола

ကိုကာကိုလာ

вино

ဝိုင်

пиво

ဘီယာ

алкоголь

အရက်

какао

ကိုကိုးမှုန့်

чай

လက်ဖက်ရည် သို့မဟုတ်
ရေနွေးကြမ်း

кава

ကော်ဖီ

еспресо

အက်စ်ပရက်ဆို ကော်ဖီ

капучіно

ကပူချီနိုကော်ဖီ

банан

ငှက်ပျောသီး

яблуко

ပန်းသီး

апельсин

လိမ္မော်သီး

кавун

ဖရဲသီးမျိုးဝင်

лимон

သံပုရိုသီး

морква

မုန်လာဥနီ

часник

ကြက်သွန်ဖြူ

бамбук

မျှစ်

цибуля

ကြက်သွန်နီ

гриб

မှို

горішки

ဝဲစေ့များ

локшина

ခေါက်ဆွဲ

спагеті

စပါဂတီ ခေါ် အီတာလီ ခေါက်ဆွဲ

рис

ထမင်း

салат

ဆလပ်ရွက်သုတ်

картопля фрі

အကြွပ်ကြော်များ

смажена картопля

အာလူးကြော်

піца

ပီဇာ

гамбургер

ဟမ်ဘာဂါ

бутерброд

အသားညှပ်ပေါင်မုန့်

шніцель

ကတ်တလိပ်

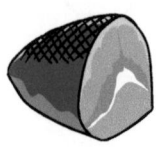

шинка

ဝက်ပေါင်ခြောက်

салямі

ဆလာမီ

ковбаса

ဝက်အူချောင်း

курка

ကြက်သား

печеня

ရှို့စ်လုပ်ခြင်း

риба

ငါး

вівсяні пластівці

ကွေကာအုတ်

мюслі

မျူးစလီ

кукурудзяні пластівці

ပြောင်းဆေ့ပြား

борошно

ဂျုံမုန့်

круасан

ခရာဆွန်း ခေါ်
ပြင်သစ်ပေါင်မုန့်တစ်မျိုး

булочка

ပေါင်မုန့်လိပ်

хліб

ပေါင်မုန့်

тостовий хліб

ပေါင်မုန့် မီးကင်

печиво

ဘီစကစ်

масло

ထောပတ်

сир

ဒိန်ခဲ

пиріг

ကိတ်မုန့်

яйце

ဥ

яєчня

ဥကြော်

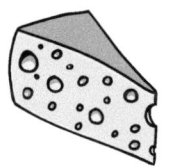

сир

ချိစ်

морозиво

ရေခဲမုန့်

цукор

သကြား

мед

ပျားရည်

мармелад

ယို

нуга-крем

ယိုသုတ်စားသည့် ချောကလက်

карі

ဟင်း

ферма
လယ်ယာ

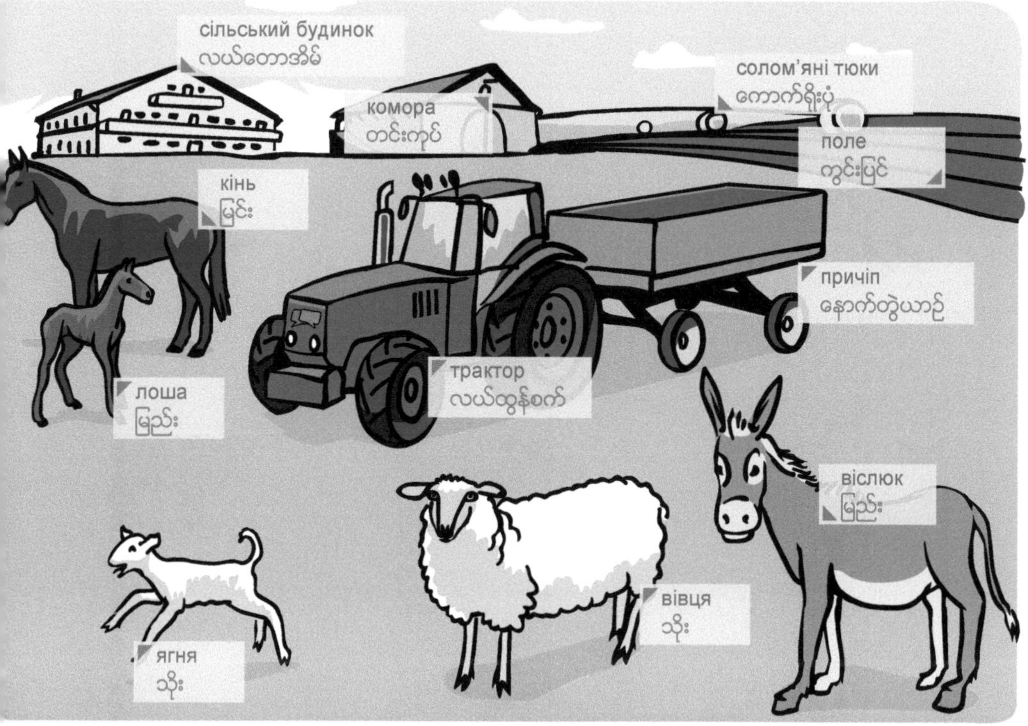

сільський будинок
လယ်တောအိမ်
комора
တင်းကုပ်
солом'яні тюки
ကောက်ရိုးပုံ
поле
ကွင်းပြင်
кінь
မြင်း
причіп
နောက်တွဲယာဉ်
трактор
လယ်ထွန်စက်
лоша
မြည်း
віслюк
မြည်း
вівця
သိုး
ягня
သိုး

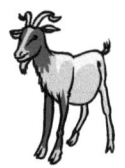

коза

ဆိတ်

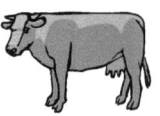

корова

နွားမ

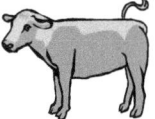

теля

နွားလေး

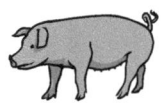

свиня

ဝက်

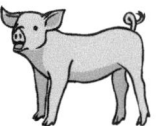

порося

ဝက်ကလေး

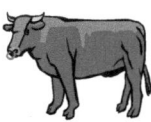

бик

နွားထီး

гусак

ဘဲငန်း

качка

ဘဲ

курча

ကြက်ပေါက်ကလေး

курка

ကြက်မ

півень

ကြက်ဖ

щур

ကြွက်

кіт

ကြောင်

миша

ကြွက်ကလေး

віл

နွားထီး

собака

ခွေး

собача будка

ခွေးအိမ်

садовий шланг

ပန်းခြံရေပိုက်

лійка

ရေလောင်းသည့်ခွက်

коса

တံစဉ်အပြားကြီး

плуг

ထယ်

серп

တံစဉ်

мотика

ပေါက်ပြား

вила

ကောက်ဆွ

сокира

ပေါက်ချွန်း

тачка

ဘီးတပ် လက်တွန်းလှည်း

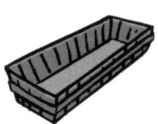

корито

စားခွက်

бідон молока

နို့ပုံး

мішок

အိတ်

паркан

ခြံစည်းရိုး

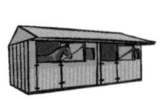

хлів

မြင်းဇောင်း

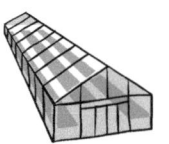

теплиця

မှန်လုံအိမ်

ґрунт

မြေကြီး

насіння

အစေ့

добриво

မြေသြဇာ

комбайн

စုပေါင်း ရိတ်သိမ်းသူ

пожинати
ရိတ်သိမ်းသည်

урожай
ရိတ်သိမ်းသည်

корінь ямсу
ပီလောပီနံ

пшениця
ဂျုံ

соя
ပဲပုပ်

картопля
အာလူး

кукурудза
ပြောင်း

ріпак
နံစားပြောင်းဆီ

плодове дерево
အသီးပင်

маніок
ပီလောပီနံ

злаки
စီရီရယ် ခေါ် နံနက်စာတစ်မျိုး

ферма - လယ်ယာ

дах
ခေါင်မိုး

димохід
မီးခိုးခေါင်းတိုင်

водостічний лоток
ရေထုတ်ပိုက်

вікно
ပြတင်းပေါက်

гараж
ကားဂိုဒေါင်

дзвінок
လူခေါ်ခေါင်းလောင်း

двері
တံခါး

відро для сміття
အမှိုက်ပုံး

поштова скринька
စာတိုက်သေတ္တာ

сад
ပန်းခြံ

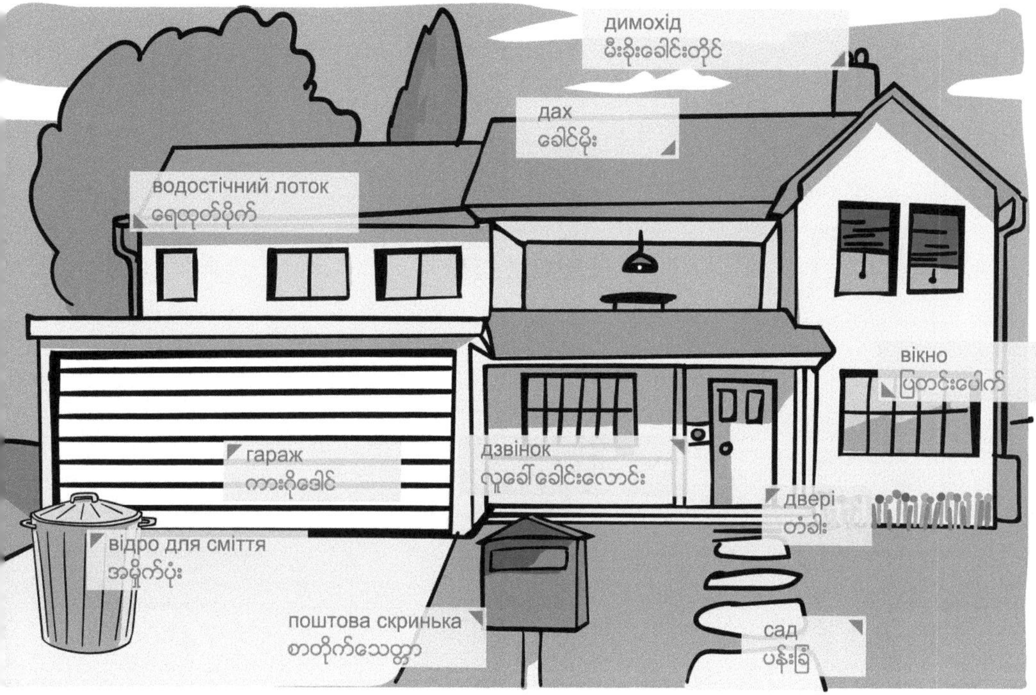

вітальня
ဧည့်ခန်း

ванна кімната
ရေချိုးခန်း

кухня
မီးဖိုချောင်

спальня
အိပ်ခန်း

дитяча кімната
ကလေး အခန်း

їдальня
ထမင်းစားခန်း

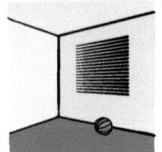

підлога

ကြမ်းပြင်

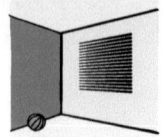

стіна

နံရံ

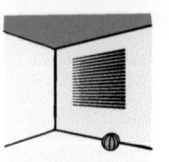

стеля

မျက်နှာကြက်

підвал

မြေအောက်ခန်း

сауна

ချေးထုတ်ခန်း

балкон

ဝရန်တာ

тераса

ဝရန်တာ

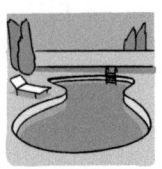

басейн

ရေကူးကန်

косарка

မြက်ရိတ်စက်

простирало

အခြုပ်

ковдра

အိပ်ယာခင်း

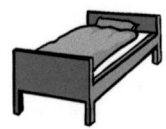

ліжко

အိပ်ယာ

мітла

တံမြက်စည်း

відро

ရေပုံး

перемикач

မီးခလုတ်

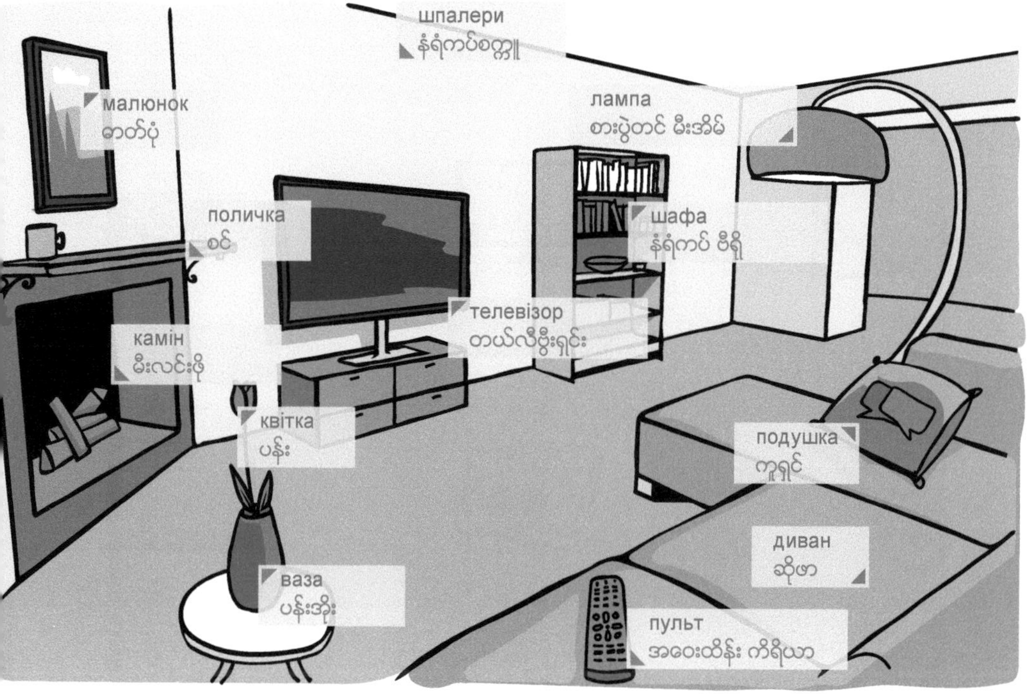

шпалери — နံရံကပ်စက္ကူ

малюнок — တပ်ပုံ

лампа — စားပွဲတင် မီးအိမ်

поличка — စင်

шафа — နံရံကပ် ဗီရို

камін — မီးလင်းဖို

телевізор — တယ်လီဗွီးရှင်း

квітка — ပန်း

подушка — ကုရှင်

диван — ဆိုဖာ

ваза — ပန်းအိုး

пульт — အဝေးထိန်း ကိရိယာ

	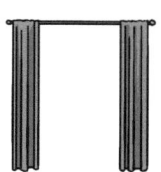	
килим ကော်ဇော	**завіса** ကန့်လန့်ကာ	**стіл** စားပွဲခုံ သို့မဟုတ် ဇယား

стілець ထိုင်ခုံ	**крісло-гойдалка** ရှေ့နောက် ယိမ်းနိုင်သည့် ထိုင်ခုံ	**крісло** လက်တင်ထိုင်ခုံ

книга

စာအုပ်

ковдра

စောင်

прикраса

အပြင်အဆင်

дрова

ထင်း

фільм

ဖလင် သို့မဟုတ် ရုပ်ရှင်

стереосистема

ဟိုင်ဖိုင် ကိရိယာ

ключ

သော့

газета

သတင်းစာ

картина

ပန်းချီကား

плакат

ပိုစတာ

радіо

ရေဒီယို

блокнот

မှတ်စုစာရွက်အုပ်

пилосос

ဖုံစုပ်စက်

кактус

ရှားစောင်းပင်

свічка

ဖယောင်းတိုင်

кухня
မီးဖိုချောင်

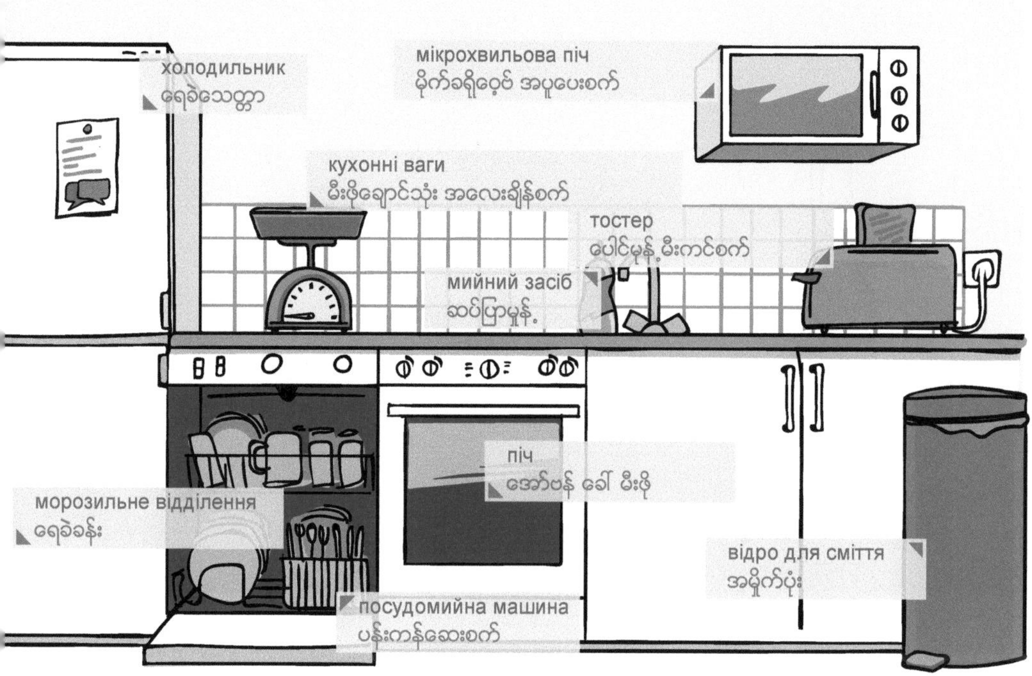
холодильник
ရေခဲသေတ္တာ
мікрохвильова піч
မိုက်ခရိုဝေ့ဗ် အပူပေးစက်
кухонні ваги
မီးဖိုချောင်သုံး အလေးချိန်စက်
тостер
ပေါင်မုန့်မီးကင်စက်
мийний засіб
ဆပ်ပြာမှုန့်
піч
အောက်ဖန် ခေါ် မီးဖို
морозильне відділення
ရေခဲခန်း
відро для сміття
အမှိုက်ပုံး
посудомийна машина
ပန်းကန်ဆေးစက်

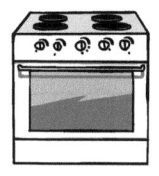

плита
လျှပ်စစ် ချက်ပြုတ်အိုး

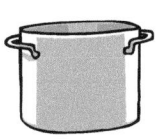

горщик
အိုး

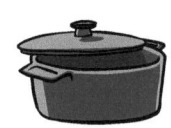

чавунний горщик
သံအိုးကြီး

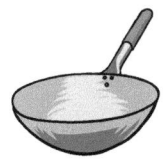

вок / кадай
မွှေကြော်သည့် ဒယ်အိုးကြီး / ကာဒိုင်း

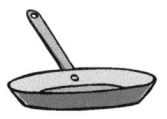

сковорода
ဒယ်အိုး

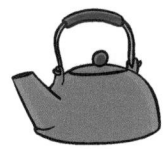

чайник
ရေနွေးတည်သည့်အိုး

пароварка

ပေါင်းစက်

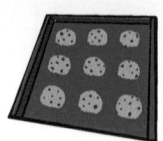

лист

မုန့်ဖုတ်သည့်ပန်း

посуд

ကြေပန်းကန်ပြား ခွက်ယောက်

кухоль

မတ်ခွက်

чаша

ဇလုံပန်းကန်

палички для їжі

အစားစားသည့်တူများ

черпак

ယောက်ချို

лопатка

မွှေသည့်အတံ

вінчик для збивання

ခေါက်တံ

сито

စစ်သည့် အရာ

сито

စကာ

терка

ခြစ်သည့်ကိရိယာ

ступка

ဂြိုပ်ဆုံ

барбекю

ဘာဘီကျူးကင်

багаття

ထင်းမီးဖို

дошка

စင်းနီးတုံး

качалка

လည်နေသောပင်

штопор

ဖော့ဆို့

консерва

သံဗူး

відкривачка

သံဗူးဖောက်တံ

прихватки

အိုးတင်သည့်အရာ

раковина

ရေဆေးသည့် နေရာ

щітка

စုပ်တံ

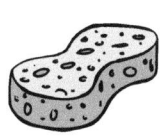

губка

ရေမြှုပ်

міксер

မွှေသည့်စက်

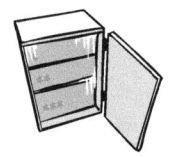

морозильна камера

အေးခဲသည့် ရေခဲခန်း

дитяча пляшка

ကလေးနို့ဗူး

кран

ရေပိုက်ခေါင်း

ванна кімната
ရေချိုးခန်း

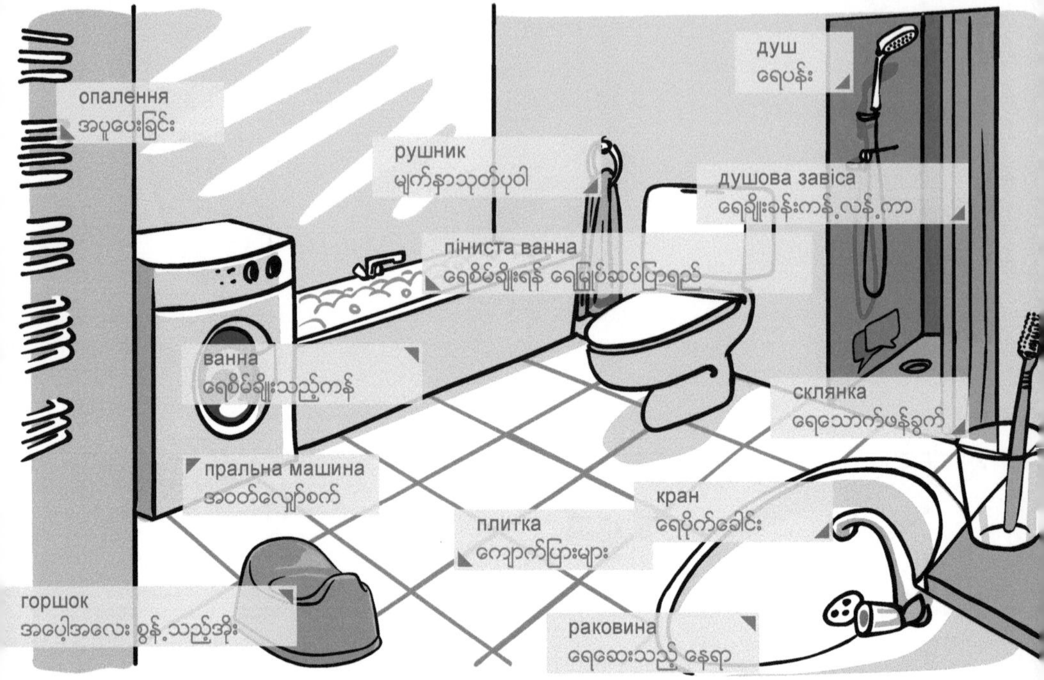

опалення
အပူပေးခြင်း
рушник
မျက်နှာသုတ်ပုဝါ
душ
ရေပန်း
душова завіса
ရေချိုးခန်းကန့်လန့်ကာ
піниста ванна
ရေစိမ်ချိုးရန် ရေမြှုပ်ဆပ်ပြာရည်
ванна
ရေစိမ်ချိုးသည့်ကန်
склянка
ရေသောက်ဖန်ခွက်
пральна машина
အဝတ်လျှော်စက်
кран
ရေပိုက်ခေါင်း
плитка
ကျောက်ပြားများ
горшок
အပေါ့အလေး စွန့်သည့်အိုး
раковина
ရေဆေးသည့် နေရာ

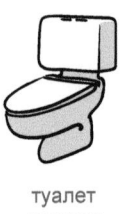

туалет

အိမ်သာ

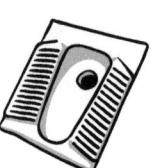

підлоговий туалет

ဆောင့်ကြောင့်ထိုင်ရသည့် အိမ်သာ

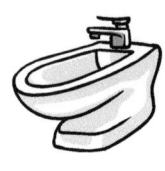

біде

အမျိုးသမီးသုံး အောက်ပိုင်းဆေးသည့် ကမုတ်

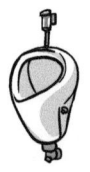

пісуар

အမျိုးသား ဆီးသွားသည့်ကမုတ်

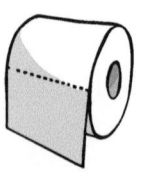

туалетний папір

အိမ်သာသုံး စက္ကူ

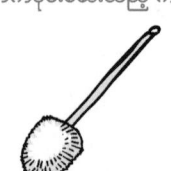

щітка для туалету

အိမ်သာတိုက် ဘရပ်ရှ်

зубна щітка

သွားတိုက်တံ

зубна паста

သွားတိုက်ဆေး

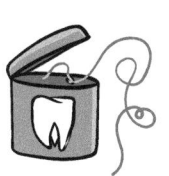

нитка для чищення зубів

သွား ချေးထုတ်သည့် ကြိုး

мити

ဆေးကြောသည်

ручний душ

လက်ကိုင် ရေပန်း

інтимний душ

ရေပန်းဖြင့်ရေချိုးခြင်း

таз

ရေအင်တုံ

щітка для спини

နောက်ကျော ချေးတွန်းသည့်
ဘရပ်ရှ်

мило

ဆပ်ပြာ

гель для душу

ရေချိုးဆပ်ပြာရည်

шампунь

ခေါင်းလျှော်ရည်

мочалка

ဖလန်နယ်စ

водостік

ရေထွက်ပေါက်

крем

ခရင်မ်

дезодорант

ဒီအော်ဒရန့်၊ ခေါ်
ကိုယ်လိမ်းအမွှေးနံ့သာ

дзеркало

မှန်

косметичне дзеркало

လက်ကိုင်မှန်

піна для гоління

မုတ်ဆိတ်ရိတ်ရန် အမြှုပ်

лосьйон після гоління

မုတ်ဆိတ်ရိတ်ပြီး
လိမ်းသည့်အမွှေးနံ့သာ

щітка

ဘရပ်ရှ်

фен

ဆံပင်ခြောက်စက်

косметика

မိတ်ကပ်

губна помада

နှုတ်ခမ်းဆိုးဆေး

вата

ဂွမ်းလုံး

ножиці для нігтів

လက်သည်းညှပ် ကပ်ကြေး

бритва

မုတ်ဆိတ်ရိတ်တံ

гребінь

ခေါင်းဘီး

лак для волосся

ဆံပင်ဖြန်းဆေး

лак для нігтів

လက်သည်းဆိုးဆေး

парфум

ရေမွှေး

косметичка

ရေချိုးခန်းသုံး အိတ်

табурет

ခွေးခြေ

ваги

ကိုယ်အလေးချိန်တိုင်းသည့်စက်

халат

ရေချိုးပြီး ဝတ်သည့်ဝတ်ရုံ

гумові рукавички

ရာဘာ လက်အိတ်များ

тампон

တန်ပွန် ခေါ် ဓမ္မတာလာစဉ် မိန်း
မကိုယ်တွင်းထည့်သည့်အရာ

гігієнічні прокладки

အမျိုးသမီး လစဉ်သုံးပုဝါစ

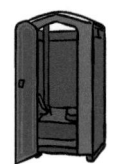

біотуалет

ဓာတုပစ္စည်းထည့်သုံးသည့်
အိမ်သာ

дитяча кімната
ကလေး အခန်း

будильник
နှိုးစက်
м'яка іграшка
ဖက်အိပ်သည့်အရုပ်
іграшковий автомобіль
အရုပ်ကား
брязкальце
ခလောက်
ляльковий будиночок
အရုပ်မအိမ်
подарунок
လက်ဆောင်

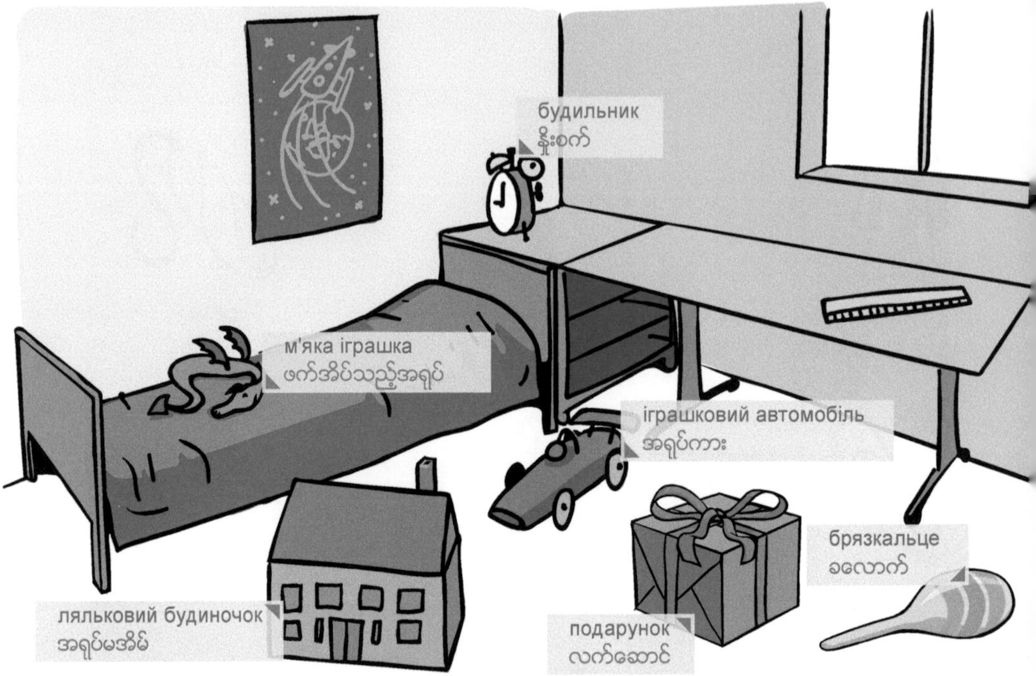

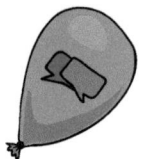

повітряна кулька

ပူဖောင်း

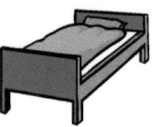

ліжко

အိပ်ယာ

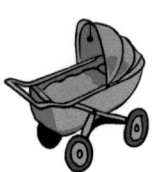

дитячий візок

ကလေးတွန်းလှည်း

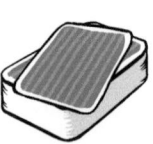

картярська гра

ကစားသည့်ကတ်ထုပ်

пазл

ဂျစ်ဆော ခေါ်
ဆက်၍ကစားသည့်
အပိုင်းအစများ

SUPER
MEGA

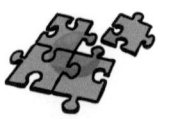

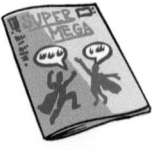

комікс

ရုပ်ပြစာအုပ်

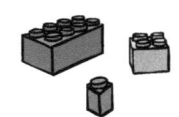

лего цеглинки

ဆောက်ရွက်ကစားသည့် လေဂို
အတုံးများ

блоки

ဆောက်ရွက်ကစားသည့်
အတုံးများ

іграшкова фігурка

လှုပ်ရှားလုပ်ကိုင်သူ

повзунки

ဘောဘီဂရိုး

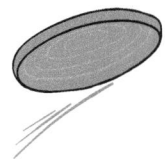

фризбі

ဖရစ်ဘီး ခေါ် ပစ်၍ ကစားသည့်
အပြား

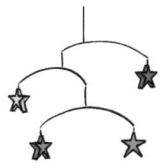

мобіле

ရွေ့လျားနိုင်သော

настільна гра

ဘုတ်ပြားပေါ်တွင် ကစားနည်း

кубик

အံစာတုံး

модель залізнична станція

ကစားစရာ ရထား အစုံမော်ဒယ်

соска

အရုပ်

вечірка

ပါတီ

книжка з картинками

ရုပ်ပြစာအုပ်

м'яч

ဘောလုံး

лялька

အရုပ်မ

грати

ကစားသည်

пісочниця

ကစားသည့် သဲပုံး

гойдалка

ဒန်း

іграшка

အရုပ်များ

гральна консоль

ဗွီဒီယိုဂိမ်းကစားသည့် စက်

триколісний велосипед

သုံးဘီး စက်ဘီး

плюшевий мішка

တက်ဒီ ဝက်ဝံရုပ်

шафа

အဝတ်ဗီရို

ОДЯГ

အဝတ်အစား

шкарпетки

ခြေအိတ်များ

панчохи

အမျိုးသမီးဝတ် ခြေအိတ်ရှည်

колготки

အမျိုးသမီး ခြေအိတ်အကြပ်

шарф
ပုဝါ

ремінь
ခါးပတ်

парасоля
ထီး

футболка
တီရှပ်

кросівки
အားကစားဖိနပ်များ

чоботи
ဘွတ်ဖိနပ်များ

домашнє взуття
ခြေညှပ်ဖိနပ်များ

сандалі
ခြေစွပ် နောက်ပိတ်ဖိနပ်

взуття
ရှူးဖိနပ်များ

гумові чоботи
ရာဘာ ဘွတ်ဖိနပ်များ

труси
အောက်ခံ အဝတ်များ

бюстгальтер
ဘရာဇီယာ

нижня сорочка
အပေါ်ထပ် လက်ပြတ်အကျီ

боді

ကိုယ်ခန္ဓာ

штани

ဘောင်းဘီရှည်

джинси

ဂျင်းဘောင်းဘီ

спідниця

စကပ်

блузка

ဘလောက်စ်အကျႌ

сорочка

ရှပ်အကျႌ

пуловер

ခြေင်းစွပ်အကျႌ

светр

ခြေင်းစွပ်ပါ အကျႌ

піджак

ဘလေဇာကုတ်အကျႌ

куртка

ဂျက်ကတ်အကျႌ

пальто

ကုတ်အကျႌ

дощовик

မိုးကာ ကုတ်အကျႌ

костюм

ဝတ်စုံ

сукня

ဂါဝန်

весільна сукня

လက်ထပ် ဝတ်စုံ

костюм

အနောက်တိုင်းဝတ်စုံပြည့်

нічна сорочка

ညအိပ်အကျီ

піжама

ညအိတ်ဝတ်စုံ

capi

ဆာရီ

головна хустка

ခေါင်းအုပ်ပုဝါ

чалма

တာဘန် ခေါ် ခေါင်းပေါင်း

бурка

ဘာကာခေါ်
အမျိုးသမီးခေါင်းအုပ်

кафтан

ကဖ်တန် ခေါ်
အမျိုးသားဝတ်ဘောင်းဘီ

абая

အာဘယာ ခေါ် မွတ်ဆလင်
အမျိုးသမီးဝတ်အကျီ

купальник

ရေကူးဝတ်စုံ

плавки

အဝတ်သေတ္တာ

шорти

ဘောင်းဘီတို

тренувальний костюм

အားကစားဝတ်စုံ

фартух

ခါးစည်း အဝတ်

рукавички

လက်အိတ်များ

гудзик

ကြယ်သီး

окуляри

မျက်မှန်

браслет

လက်ကောက်

ланцюг

လည်ဆွဲ

кільце

လက်စွပ်

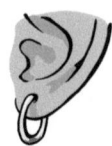

сережка

နားကပ်

шапка

ခေါင်းဆောင်း ဦးထုပ်

плічка

ကုတ်အက်ျီ ချိတ်

капелюх

ဦးထုပ်

краватка

နက်တိုင်

застібка-блискавка

ဇစ်

шолом

ဟဲလ်မက်ခေါ် ခေါင်းဆောင်း

підтяжки

သွားထိန်းများ

шкільна форма

ကျောင်းဝတ်စုံ

уніформа

ယူနီဖောင်းဝတ်စုံ

одяг - အဝတ်အစား

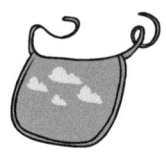

нагрудник

သွားရည်ခံ

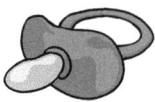

соска

အရုပ်

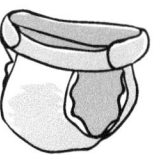

підгузок

ကလေးအနှီး

офіс

ရုံးခန်း

сервер
ဆာဗာ
шаф для документів
ဖိုင်ထည့်သည့် ဗီရို
папір
စာရွက်
принтер
ပရင်တာ
монітор
မော်နီတာ
миша
မောက်စ်
письмовий стіл
စာရေးစားပွဲခုံ
папка
စာရွက်ထည့်သည့် ခေါက်ဖိုင်
синтезатор
ကီးဘုတ်
кошик для паперу
အမှိုက်စက္ကူပုံး
комп'ютер
ကွန်ပြူတာ
стілець
ထိုင်ခုံ

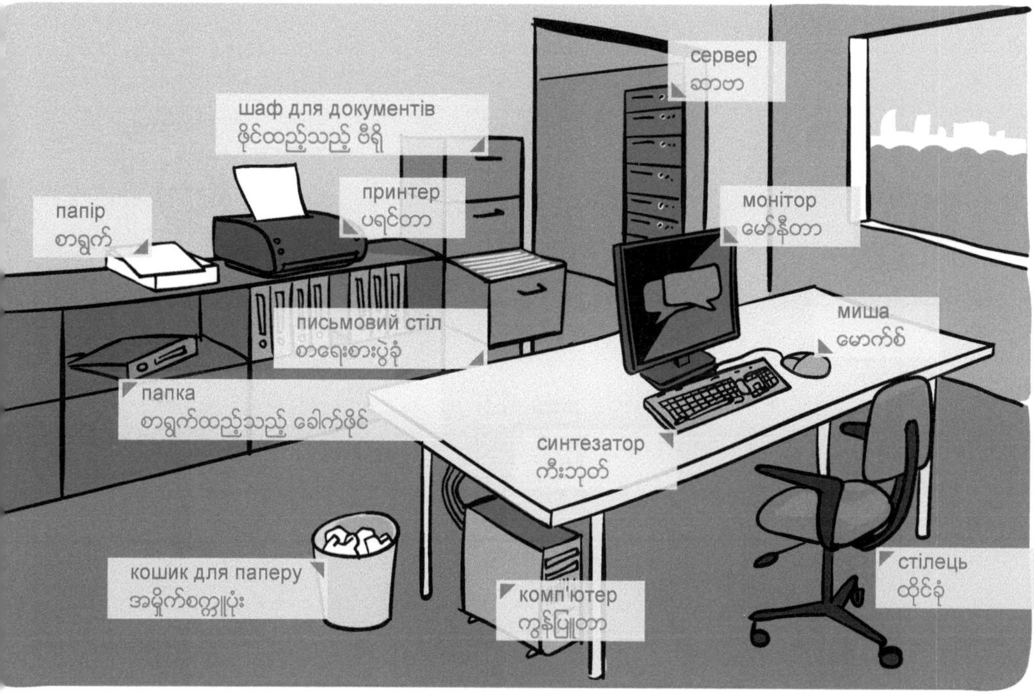

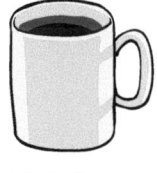

кавовий кухоль

ကော်ဖီ မတ်ခွက်

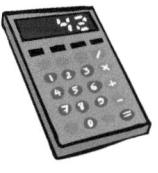

калькулятор

ဂဏန်းတွက်စက်

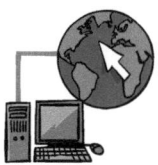

інтернет

အင်တာနက်

ноутбук

ပေါင်ပေါ် တင်ရိုက်နိုင်သည့်
ကွန်ပြူတာ

лист

စာ

повідомлення

မက်ဆေ့ချ်

мобільний телефон

မိုဘိုင်းဖုန်း

мережа

ကွန်ရက်

копіювальний пристрій

မိတ္တူကူးစက်

програмне забезпечення

ဆော့ဖ်ဝဲရ်

телефон

တယ်လီဖုန်း

розетка

ပလပ်ပေါက်

факс

ဖက်စ်ပို့သည့် စက်

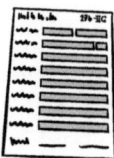

бланк

ပုံစံ

документ

စာရွက်စာတမ်း

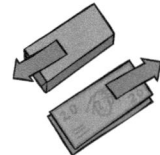

купувати
ဝယ်ယူသည်

платити
ပေးအပ်သည်

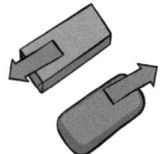

торгувати
ကုန်သွယ်သည်

гроші
ပိုက်ဆံ

долар
ဒေါ်လာ

євро
ယူရိုငွေ

ієна
ယန်းငွေ

рубль
ရူဘယ်ငွေ

франк
ဆွစ်ဇာလန်နိုင်ငံသုံးငွေ

юанів женьміньбі
ရမ်မင်ဘီ ယွမ်

рупія
ရူပီး

банкомат
ငွေချေသည့်နေရာ

обмінний пункт

ငွေလဲဌာန

золото

ရွှေ

срібло

ငွေ

нафта

ဆီ

енергія

စွမ်းအင်

ціна

ဈေးနှုန်း

контракт

စာချုပ်

податок

အခွန်

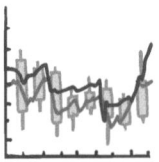

акція

စတော့ဈေးကွက်

працювати

အလုပ်လုပ်သည်

працівник

ဝန်ထမ်း

роботодавець

အလုပ်ရှင်

фабрика

စက်ရုံ

магазин

ဆိုင်

економіка - စီးပွားရေး

професії
အလုပ်အကိုင်များ

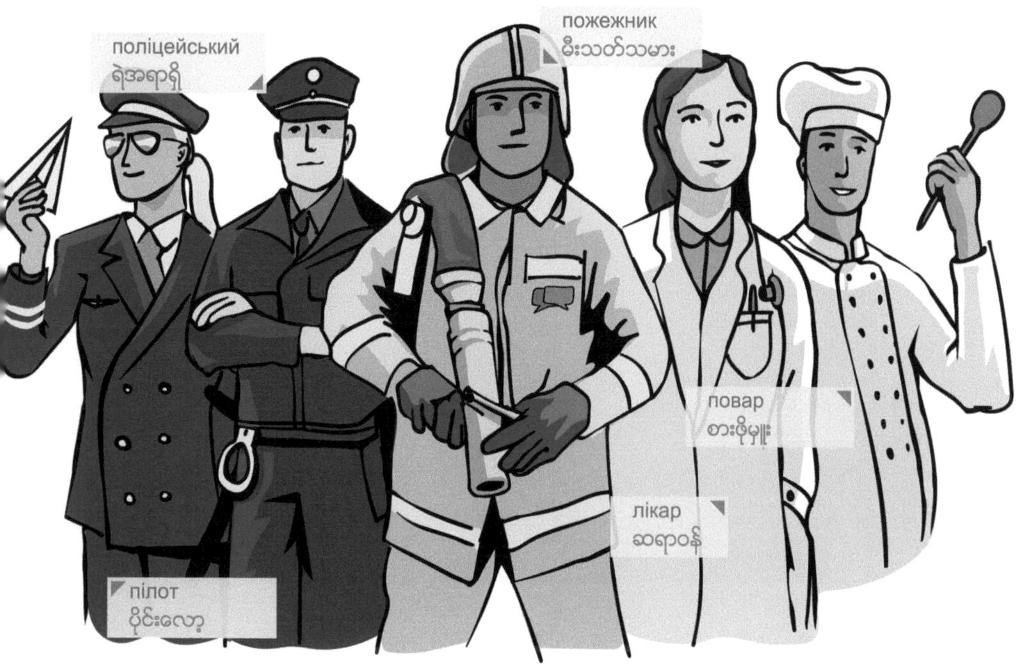
поліцейський
ရဲအရာရှိ
пожежник
မီးသတ်သမား
повар
စားဖိုမှူး
лікар
ဆရာဝန်
пілот
ပိုင်းလော့

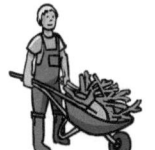

садівник
မာလီ

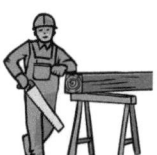

столяр
လက်သမား

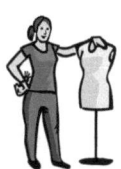

швачка
စက်ချုပ်သူ

суддя
တရားသူကြီး

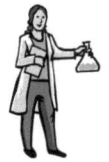

хімік
ဓာတုဗေဒပညာရှင်

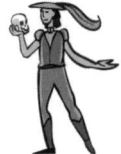

актор
သရုပ်ဆောင်

водій автобуса

ဘတ်စ်ကားမောင်းသမား

таксист

တက်စီမောင်းသူ

рибалка

ငါးဖမ်းသမား

прибиральниця

သန့်ရှင်းရေး အလုပ်သမ

покрівельник

အမိုးပြင်သူ

офіціант

စားပွဲထိုး

мисливець

အမဲလိုက်မုဆိုး

художник

ဆေးသုတ်သမား သို့မဟုတ်
ပန်းချီဆရာ

пекар

မုန့်ဖုတ်သမား

електрик

လျှပ်စစ်ပညာရှင်

будівельник

ဆောက်လုပ်ရေးသမား

інженер

အင်ဂျင်နီယာ

забійник

သားသတ်သမား

бляхар

ပိုက်ဆက်ဆရာ

листоноша

စာပို့သမား

солдат

စစ်သား

архітектор

ဗိသုကာပညာရှင်

касир

ငွေကိုင်

флорист

ပန်းပညာရှင်

перукар

ဆံပင်အလှပြင်သူ

кондуктор

လက်မှတ်စစ်

механік

စက်ပြင်ဆရာ

капітан

ကပ္ပတိန်

дантист

သွားဘက်ဆိုင်ရာ ဆရာဝန်

вчений

သိပ္ပံပညာရှင်

рабин

ရာဘိုင်

імам

မွတ်ဆလင် တရားဟောဆရာ

монах

ဘုန်းကြီး

пастор

တရားဟောဆရာ

інструменти
ကိရိယာ တန်ဆာပလာများ

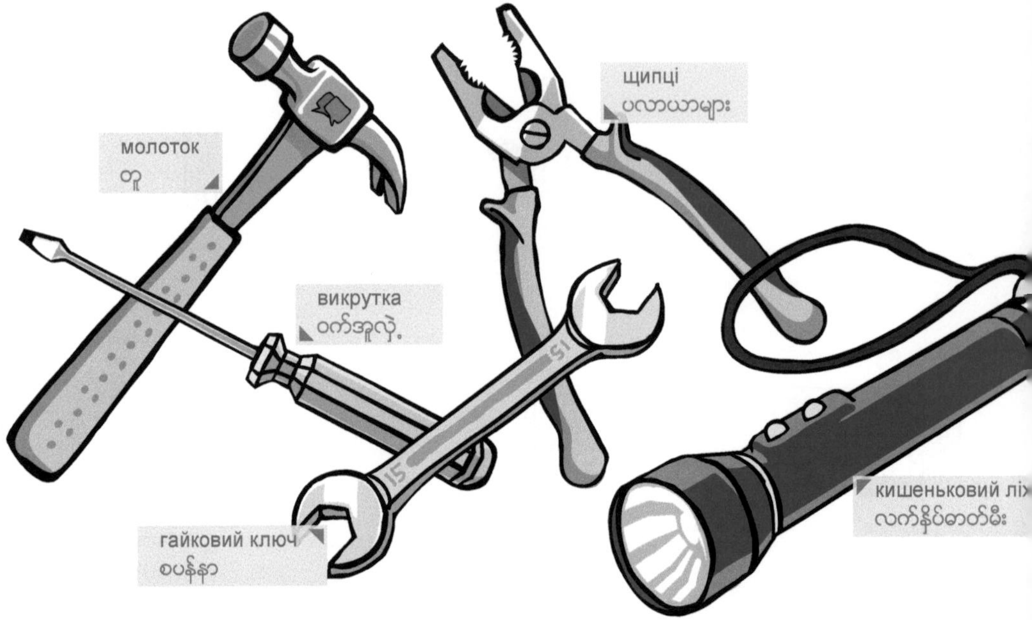
молоток
တူ
щипці
ပလာယာများ
викрутка
ဝက်အူလှဲ့
кишеньковий лі
လက်နှိပ်ဓာတ်မီး
гайковий ключ
စပန်နာ

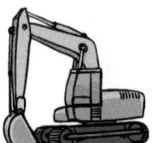

екскаватор

မြေတူးစက်

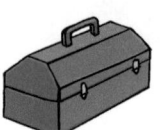

ящик для інструментів

လက်သမားသုံးကိရိယာ
သေတ္တာ

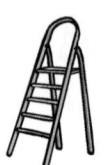

драбина

လှေကား

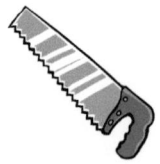

пилка

လွှ

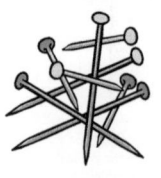

цвяхи

လက်သည်းများ

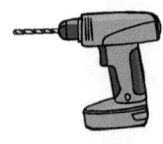

свердло

အပေါက်ဖောက်စက်

ремонтувати

ပြင်ဆင်သည်

лопата

ဂေါ်ပြား

лайно!

ချီးတဲ့မှပဲ

совок

ဖုန်ကျုံးသည့် ဂေါ်ပြား

відро з фарбою

ဆေးရောင်အိုး

гвинти

ဝက်အူများ

музичні інструменти
ဂီတတူရိယာများ

ударна установка
ဒရမ် အစုံ

динамік
အသံချဲ့စက်

контрабас
နှစ်ထပ် ဘေ့စ်ဂီတာ

труба
တံပိုး တူရိယာ

гітара
ဂီတာ

фортепіано

စန္တယား

скрипка

တယော

бас

ဘော်စ်ဂီတာ

литаври

နားစည်အမြေးပါး

барабан

ဒရမ်များ

клавіатура

ကီးဘုတ် တူရိယာ

саксофон

ဆက်ဆိုဖုန်း ခေါ်
လေမှုတ်တူရိယာ

флейта

ပုလွေ

мікрофон

စကားပြောစက်

တိရိစ္ဆာန်ရုံ

vхід
ဝင်ပေါက်

тигр
ကျား

клітка
လှောင်အိမ်

зебра
မြင်းကျား

корм
တိရိစ္ဆာန် အစားအစာ

панда
ပင်ဒါ ဝက်ဝံ

тварини

တိရိစ္ဆာန်များ

слон

ဆင်

кенгуру

သားပိုက်ကောင်

носоріг

горила

ဂေါ်ရီလာမျောက်

ведмідь

ဝက်ဝံ

верблюд

ကုလားအုတ်

страус

ငှက်ကုလားအုတ်

лев

ခြင်္သေ့

мавпа

မျောက်

фламінго

ဖလန်မင်းဂိုးငှက်

папуга

ကြက်တူရွေး

білий ведмідь

ဝိုလာဝက်ဝံ

пінгвін

ပင်ဂွင်းငှက်

акула

ငါးမန်း

павич

ဥဒေါင်းငှက်

змія

မြွေ

крокодил

မိကျောင်း

працівник зоопарку

တိရိစ္ဆာန်ရုံ ထိန်းသိမ်းသူ

тюлень

ဖျံ

ягуар

ကျားသစ်

поні

ပိုနီမြင်း

леопард

ကျားသစ်

гіпопотам

ရေမြင်း

жираф

သစ်ကုလားအုတ်

орел

သိန်းငှက်

кабан

တောဝက်

риба

ငါး

черепаха

လိပ်

морж

ပင်လယ်ဖျံကြီး

лисиця

မြေခွေး

газель

ဦးချိုပါ သမင်ညိုတစ်မျိုး

спорт

အားကစားများ

американський футбол
အမေရိကန် ဖွတ်ဘော
їзда на велосипеді
စက်ဘီးစီးခြင်း
теніс
တင်းနစ်ရိုက်ခြင်း
баскетбол
ဘတ်စကက်ဘော
плавання
ရေကူးခြင်း
хокей
ရေခဲပြင် ဟော်ကီ
бокс
လက်ဝှေ့

футбол

ဘောလုံးကန်ခြင်း

бадмінтон

ကြက်တောင်ရိုက်ခြင်း

легка атлетика

ကိုယ်လက်လှုပ်ရှား အားကစားများ

гандбол

ဟန်းဒ်ဘော ခေါ် လက်ပစ်ဘော

лижні перегони

နှင်းလျှောစီးခြင်း

поло

ပိုလို

стрибати
ခုန်သည်

обіймати
ဖွေ့ဖက်သည်

сміятися
ရယ်မောသည်

співати
သီချင်းဆိုသည်

йти
လမ်းလျှောက်သည်

молитися
ဆုတောင်းသည်

цілувати
နမ်းရှုပ်သည်

мріяти
အိပ်မက်သည်

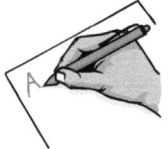

писати

စာရေးသည်

малювати

ရေးဆွဲသည်

показувати

ပြသသည်

тиснути

တွန်းသည်

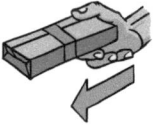

давати

ပေးသည်

брати

ယူသည်

мати

ရှိသည်

робити

ပြုလုပ်သည်

бути

ဖြစ်သည်

стояти

မတ်တပ်ရပ်သည်

бігати

ပြေးသည်

тягнути

ဆွဲသည်

кидати

ပစ်သည်

падати

လဲကျသည်

лежати

လိမ်လည်သည်

очікувати

စောင့်ဆိုင်းသည်

носити

သယ်ဆောင်သည်

сидіти

ထိုင်သည်

одягати

အဝတ်အစားဝတ်သည်

спати

အိပ်သည်

просипатися

အိပ်ယာမှ ထသည်

дивитися

တစ်ခုခုကို ကြည့်ရှုသည်

плакати

ငိုသည်

гладити

ပွတ်သပ်သည်

розчісувати

ဘီးဖီးသည်

розмовляти

စကားပြောသည်

розуміти

နားလည်သည်

питати

မေးသည်

слухати

နားထောင်သည်

пити

သောက်သည်

їсти

စားသည်

прибирати

သပ်ရပ်အောင်လုပ်သည်

любити

ချစ်သည်

варити

ချက်ပြုတ်သည်

їхати

မောင်းသည်

літати

ပျံသန်းသည်

йти під вітрилом

ရွက်လွှင့်သည်

рахувати

တွက်ပါ

читати

ဖတ်သည်

вчитися

သင်ယူသည်

працювати

အလုပ်လုပ်သည်

одружуватися

လက်ထပ်သည်

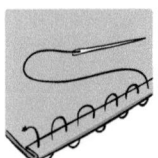

шити

အပ်ချုပ်သည်

чистити зуби

သွားတိုက်သည်

убивати

သတ်သည်

курити

ဆေးလိပ်သောက်သည်

посилати

ပို့သည်

сім'я
မိသားစု

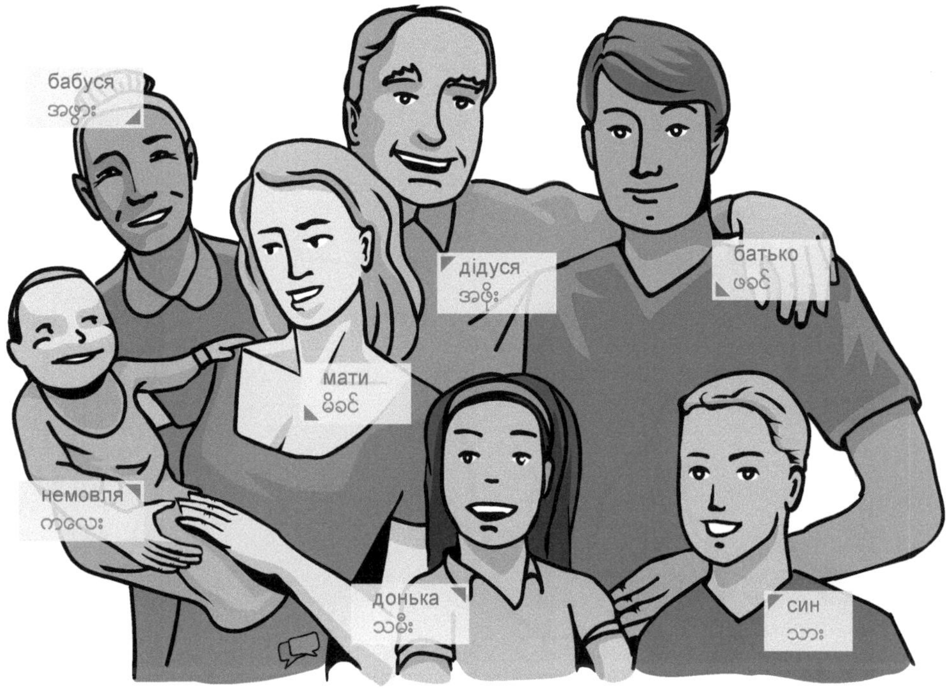
бабуся
အဖွား
дідуся
အဖိုး
батько
ဖခင်
мати
မိခင်
немовля
ကလေး
донька
သမီး
син
သား

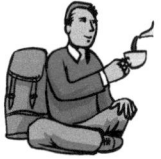

гість

ဧည့်သည်

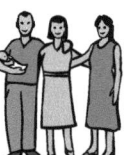

тітка

အဒေါ်

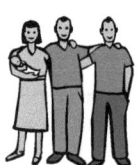

дядько

ဦးလေး

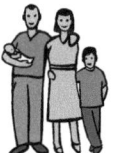

брат

အစ်ကို

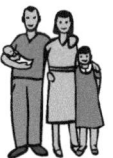

сестра

အစ်မ

тіло
ကိုယ်ခန္ဓာ

чоло
နဖူး
око
မျက်လုံး
плече
ပုခုံး
палець
လက်ချောင်း
обличчя
မျက်နှာ
підборіддя
မေးစေ့
кисть
လက်
груди
ရင်သား
нога
ခြေသလုံး
рука
လက်မောင်း

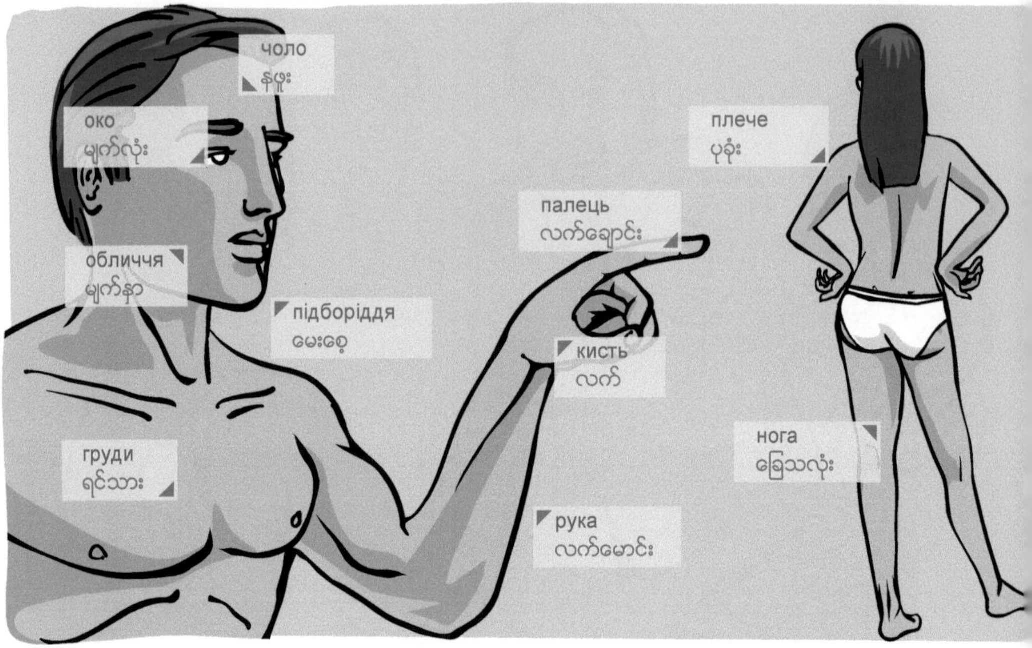

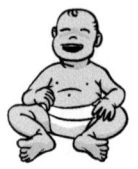

немовля

ကလေး

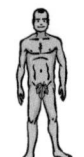

чоловік

ယောက်ျားကြီး

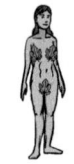

жінка

အမျိုးသမီးကြီး

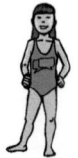

дівчина

မိန်းကလေး

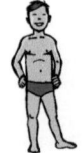

хлопчик

ယောက်ျားလေး

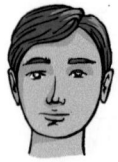

голова

ဦးခေါင်း

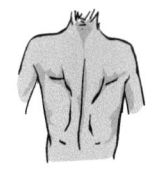

спина

နောက်ကျော

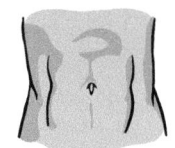

живіт

ဗိုက်

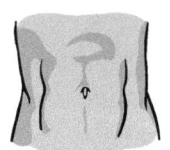

пуп

ချက်

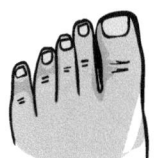

палець ноги

ခြေချောင်း

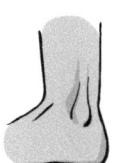

п'ята

ဖနောင့်

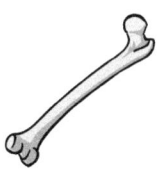

кістка

အရိုး

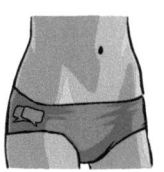

стегно

တင်ရိုး

коліно

ဒူးခေါင်း

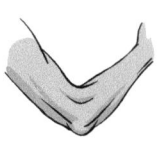

лікоть

တံတောင်ဆစ်

ніс

နှာခေါင်း

сідниці

တင်ပါး

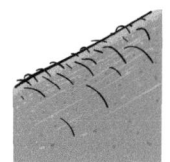

шкіра

အရေပြား

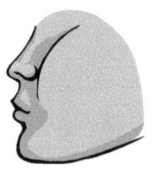

щока

ပါးပြင်

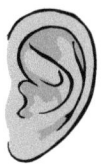

вухо

နား

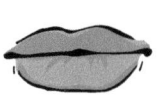

губа

နှုတ်ခမ်း

тіло - ကိုယ်ခန္ဓာ

рот

ပါးစပ်

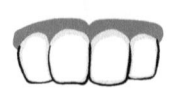

зуб

သွား

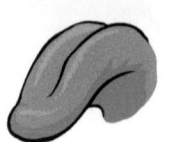

язик

လျှာ

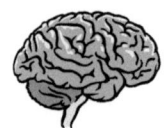

мозок

ဦးနောက်

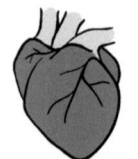

серце

နှလုံး

м'яз

ကြွက်သား

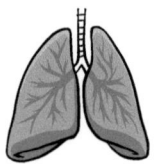

легені

အဆုတ်

печінка

အသည်း

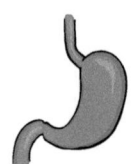

шлунок

အစာအိမ်

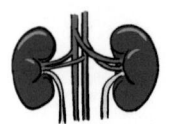

нирки

ကျောက်ကပ်များ

статевий акт

လိင်

презерватив

ကွန်ဒုံး

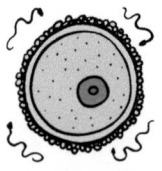

яйцеклітина

သားဥ

сперма

သုတ်ရည်

вагітність

ကိုယ်ဝန်

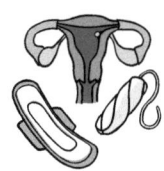

менструація

မွတ္တာလာခြင်း

вагіна

မိန်းမကိုယ်

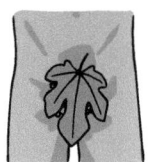

пеніс

လိင်တံ

брова

မျက်ခုံး

волосся

ဆံပင်

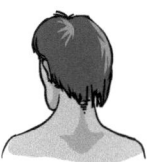

шия

လည်ပင်း

лікарня
ဆေးရုံ

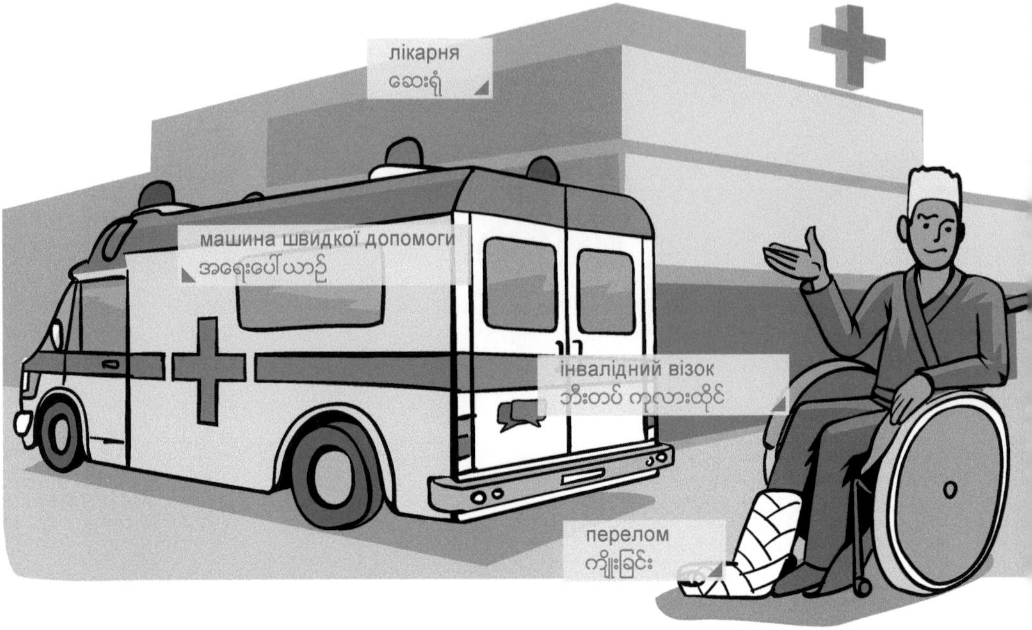

лікарня
ဆေးရုံ
машина швидкої допомоги
အရေးပေါ်ယာဉ်
інвалідний візок
ဘီးတပ် ကုလားထိုင်
перелом
ကျိုးခြင်း

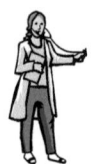

лікар

ဆရာဝန်

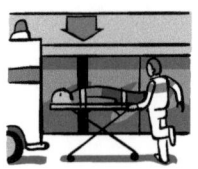

відділення швидкої медичної допомоги

အရေးပေါ် ဆေးကုသခန်း

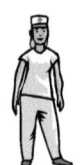

медсестра

သူနာပြု

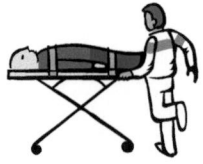

аварійний випадок

အရေးပေါ်

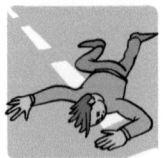

непритомний

သတိလစ်ခြင်း

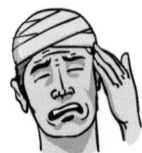

біль

နာခြင်း

травма

ဒဏ်ရာ

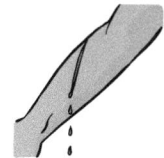

кровотеча

သွေးယိုထွက်ခြင်း

інфаркт

နှလုံးရပ်ခြင်း

інсульт

လေဖြတ်ခြင်း

алергія

ဓာတ်မတည့်ခြင်း

кашель

ချောင်းဆိုးခြင်း

лихоманка

အဖျား

грип

တုတ်ကွေးရောဂါ

пронос

ဝမ်းပျက်ဝမ်းလျှောခြင်း

головна біль

ခေါင်းကိုက်ခြင်း

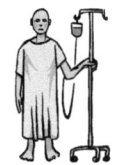

рак

ကင်ဆာရောဂါ

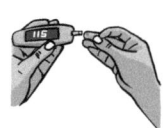

діабет

ဆီးချိုရောဂါ

хірург

ခွဲစိတ်ဆရာဝန်

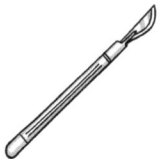

скальпель

ခွဲစိတ်ခန်းသုံးဓါးပါး

операція

ခွဲစိတ်ခြင်း

КТ

စီတီ

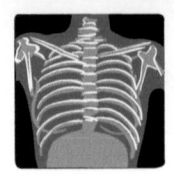

рентген

ဓာတ်မှန်

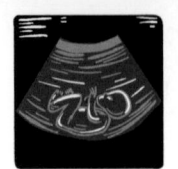

ультразвук

အာထရာဆောင်း

маска

မျက်နှာဖုံး

хвороба

ရောဂါ

зал очікування

စောင့်ဆိုင်းရန် အခန်း

милиця

ချိုင်းထောက်

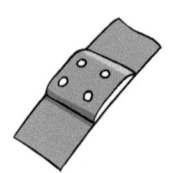

пластир

ပလာစတာ

пов'язка

ပတ်တီး

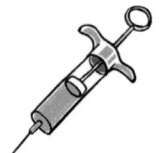

ін'єкція

ထိုးဆေး

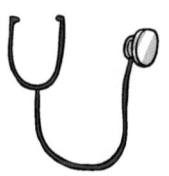

стетоскоп

နားကြပ်

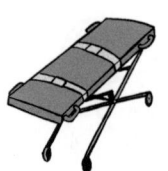

ноші

လူနာတင်ထမ်းစင်

термометр

ကာသရေးပိုင်းသုံး
အပူချိန်တိုင်းသာမိမိတာ

народження

မွေးဖွားခြင်း

надмірна вага

အဝလွန်ခြင်း

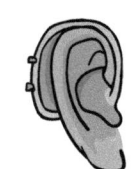

слуховий апарат

နားကြားကိရိယာ

дезінфікуючий засіб

ပိုးသတ်ဆေး

інфекція

ရောဂါကူးစက်ခြင်း

вірус

ဗိုင်းရပ်စ်ပိုး

ВІЛ / СНІД

အိတ်ချ်အိုင်ဗွီ /
အေအိုင်ဒီအက်စ်

медицина

ဆေးဝါး

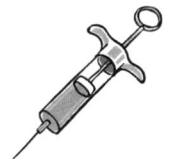

вакцинація

ကာကွယ်ဆေးထိုးခြင်း

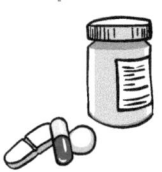

таблетки

ဆေးလုံးများ

протизаплідна пігулка

ဆေးလုံး

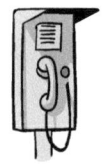

екстрений виклик

အရေးပေါ် ဖုန်းခေါ်ဆိုမှု

тонометр

သွေးဖိအား စောင့်ကြည့်သည့်
ကိရိယာ

хворий / здоровий

နာမကျန်းသော / ကျန်းမာသော

Допоможіть!

ကူညီကြပါ။

сигнал тривоги

အရေးပေါ်ခေါင်းလောင်း

напад

ရိုက်နက်သည်

атака

တိုက်ခိုက်သည်

небезпека

အန္တရာယ်

аварійний вихід

အရေးပေါ်ထွက်ပေါက်

Вогонь!

မီး။

вогнегасник

မီးသတ်ဘူး

аварія

မတော်တဆဖြစ်ရပ်

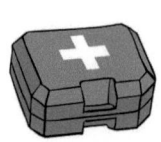

аптечка

ကြက်ခြေနီ ဆေးပုံး

СОС

အက်စ်အိုအက်စ်

поліція

ရဲ

Європа

ဥရောပတိုက်

Північна Америка

မြောက်အမေရိကတိုက်

Південна Америка

တောင်အမေရိကတိုက်

Африка

အာဖရိကတိုက်

Азія

အာရှတိုက်

Австралія

ဩစတြေးလျတိုက်

Атлантика

အတ္တလန္တိတ် သမုဒ္ဒရာ

Тихий океан

ပစိဖိတ် သမုဒ္ဒရာ

Індійський океан

အိန္ဒိယ သမုဒ္ဒရာ

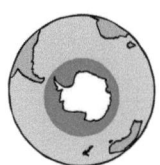

Антарктичний океан

အန္တာတိတ် သမုဒ္ဒရာ

Північний Льодовитий океан

အာတိတ် သမုဒ္ဒရာ

Північний полюс

မြောက်ဝင်ရိုးစွန်း

Південний полюс

တောင်ဝင်ရိုးစွန်း

Антарктика

အန္တာတိကတိုက်

Земля

ကမ္ဘာမြေကြီး

суша

ကုန်းမြေ

море

ပင်လယ်

острів

ကျွန်း

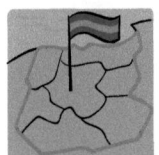

нація

နိုင်ငံကူးလက်မှတ်

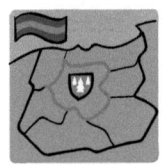

держава

ပြည်နယ်

циферблат

နာရီမျက်နှာပြင်

годинникова стрілка

နာရီလက်တံ

хвилинна стрілка

မိနစ်လက်တံ

секундна стрілка

ဒုတိယလက်တံ

Котра година?

ဘယ်အချိန်ရှိပြီလဲ။

день

ရက်

час

အချိန်

зараз

ယခု

цифровий годинник

ဒစ်ဂျစ်တယ် လက်ပတ်နာရီ

хвилина

မိနစ်

година

နာရီ

тиждень
ရက်သတ္တပတ်

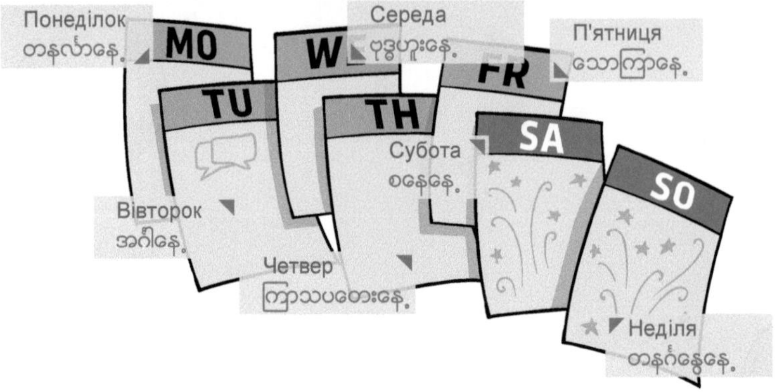

Понеділок
တနင်္လာနေ့
MO
Вівторок
အင်္ဂါနေ့
TU
Середа
ဗုဒ္ဓဟူးနေ့
W
Четвер
ကြာသပတေးနေ့
TH
П'ятниця
သောကြာနေ့
FR
Субота
စနေနေ့
SA
Неділя
တနင်္ဂနွေနေ့
SO

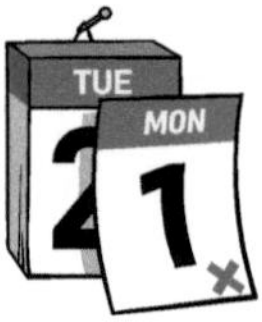

TUE
MON
21

вчора

မနေ့က

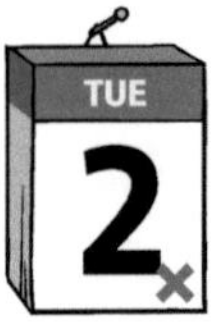

TUE
2

сьогодні

ယနေ့

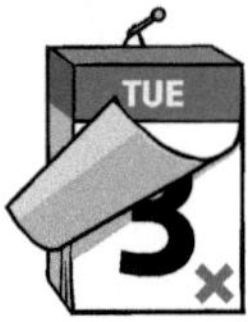

TUE
3

завтра

မနက်ဖြန်

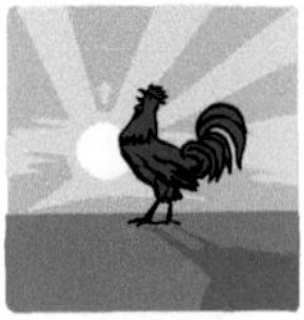

ранок

မနက်

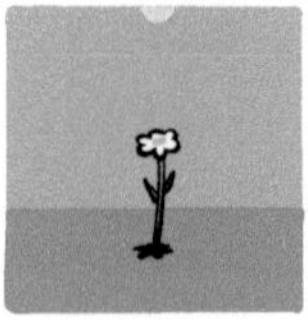

опівдні

နေ့လည်

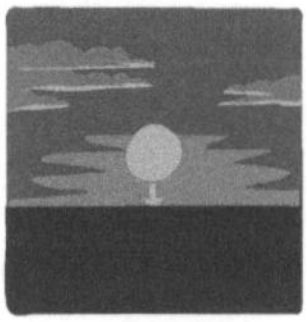

вечір

ညနေ

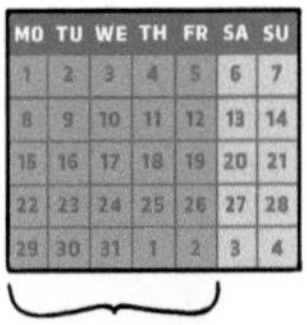

MO TU WE TH FR SA SU

робочі дні

အလုပ်လုပ်ရက်များ

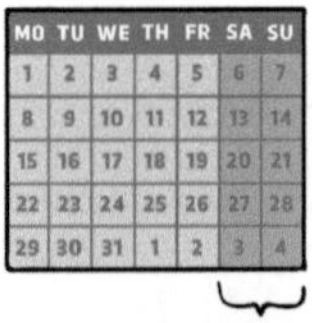

MO TU WE TH FR SA SU

кінець робочого тижня

စနေ တနင်္ဂနွေ အားလပ်ရက်

рік
နှစ်

дощ
မိုး
веселка
သက်တန့်
сніг
နှင်း
вітер
လေ
весна
နွေဦးရာသီ
літо
နွေရာသီ
осінь
ဆောင်းဦးရာသီ
зима
ဆောင်းရာသီ

4.APRIL 11°
5.APRIL 4°
6.APRIL 13°
7.APRIL 8°
8.APRIL 10°

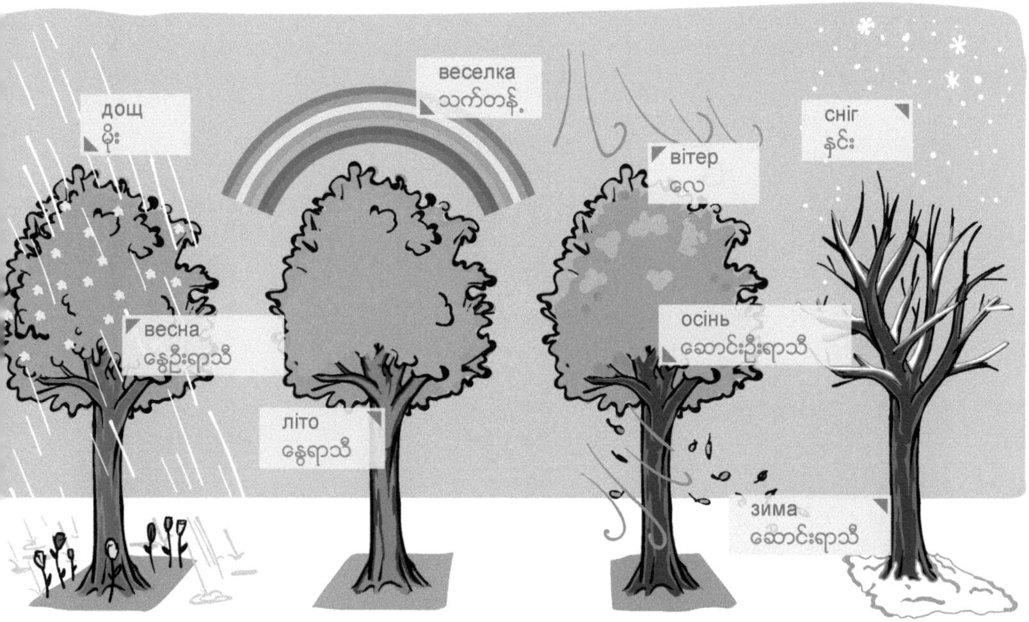

прогноз погоди

းလေဝသ ကြိုတင်ခန့်မှန်းချက်

F C
120 40
90 30
60 20
30 10
0 0
-30 -10
-20

термометр

အပူချိန်တိုင်း ကိရိယာ

сонячне світло

နေရောင်ခြည်

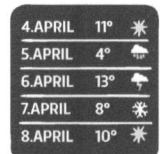

хмара

တိမ်

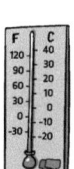

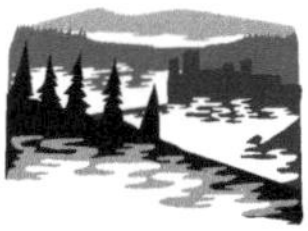

туман

မြူ

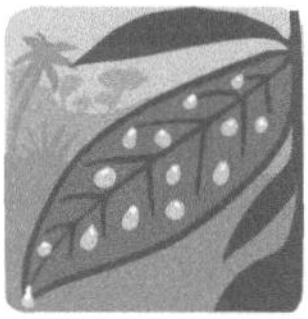

вологість повітря

စိုထိုင်းဆ

блискавка

လျှပ်စီးလက်ခြင်း

грім

မိုးကြိုး

шторм

မုန်တိုင်း

град

မိုးသီး

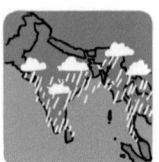

мусон

မိုးရာသီ

повінь

ရေကြီးခြင်း

лід

ရေခဲ

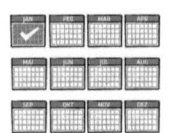

Січень

ဇန်နဝါရီလ

Лютий

ဖေဖော်ဝါရီလ

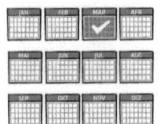

Березень

မတ်လ

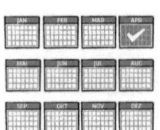

Квітень

ဧပြီလ

Травень

မေလ

Червень

ဇွန်လ

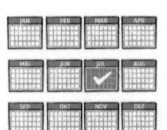

Липень

ဇူလိုင်လ

Серпень

သြဂုတ်လ

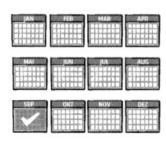

Вересень

....

စက်တင်ဘာလ

Жовтень

....

အောက်တိုဘာလ

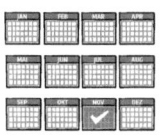

Листопад

....

နိုဝင်ဘာလ

Грудень

....

ဒီဇင်ဘာလ

форми

ပုံစံများ

круг

....

စက်ဝိုင်း

квадрат

....

စတုရန်း

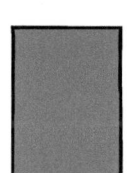

прямокутник

....

ထောင့်မှန်စတုဂံ

трикутник

....

တြိဂံ

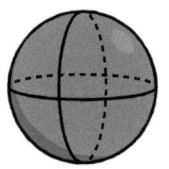

куля

....

စက်ဝန်း

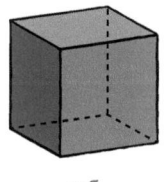

куб

....

အတုံး

білий

အဖြူရောင်

жовтий

အဝါရောင်

помаранчевий

လိမ္မော်ရောင်

рожевий

ပန်းရောင်

червоний

အနီရောင်

фіолетовий

ခရမ်းရောင်

синій

အပြာရောင်

зелений

အစိမ်းရောင်

коричневий

အညိုရောင်

сірий

မီးခိုးရောင်

чорний

အနက်ရောင်

багато / мало

အများအပြား / အနည်းငယ်

лютий / мирний

စိတ်ဆိုးသော /
စိတ်တည်ငြိမ်သော

гарний / бридкий

လှပသော / ရုပ်ဆိုးသော

початок / кінець

အစ / အဆုံး

великий / малий

အကြီးသော / အငယ်

світлий / темний

တောက်ပသော / မှောင်မဲသော

брат / сестра

ညီအစ်ကို / ညီအစ်မ

чистий / брудний

သန့်ရှင်းသော / ညစ်ပတ်သော

завершений /
незавершений

ပြည့်စုံသော / မပြည့်စုံသော

день / ніч

နေ့ / ည

мертвий / живий

သေသော / ရှင်သော

широкий / вузький

ကျယ်သော / ကျဉ်းသော

їстівний / не їстівний

စားသုံးနိုင်သော / မစားသုံးနိုင်သော

злий / дружній

စိတ်ယုတ်သော / ကြင်နာသော

збуджений / нудьгуючий

စိတ်လှုပ်ရှားဖွယ် / ပျင်းရိဖွယ်

товстий / тонкий

ဝသော / ပိန်သော

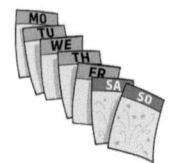

спочатку / востаннє

ပထမ / နောက်ဆုံးပိတ်

друг / ворог

မိတ်ဆွေ / ရန်သူ

повний / порожній

အပြည့် / ဘာမှမရှိ

жорсткий / м'який

မာသော / ပျော့သော

важкий / легкий

လေးလံသော / ပေါ့ပါးသော

голод / спрага

ဆာလောင်သော / ရေဆာသော

хворий / здоровий

နာမကျန်းသော / ကျန်းမာသော

незаконний / законний

တရားမဝင်သော / တရားဝင်သော

розумний / дурний

ဉာဏ်ကောင်းသော / ထိုင်းသော

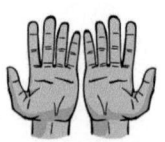

вліво / вправо

ဘယ် / ညာ

поруч / далеко

နီးသော / ဝေးသော

новий / використаний

အသစ် / အသုံးပြုပြီးသား

нічого / щось

ဘာမှမရှိ / တစ်ခုခု

старий / молодий

အသက်ကြီးသော /
ငယ်ရွယ်သော

вкл / викл

ဖွင့်သော / ပိတ်သော

відкрито / закрито

ဖွင့်သော / ပိတ်သော

тихо / гучно

တိတ်ဆိတ် / ကျယ်လောင်

багатий / бідний

ချမ်းသာ / ဆင်းရဲ

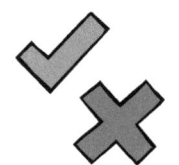

правильно / неправильно

အမှန် / အမှား

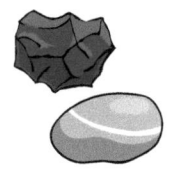

шорсткий / гладкий

ကြမ်းတမ်း / ချောမွေ့

сумний / щасливий

ဝမ်းနည်း / ဝမ်းသာ

короткий / довгий

အတို / အရှည်

повільно / швидко

အနှေး / အမြန်

вологий / сухий

စွတ်သော / ခြောက်သွေ့သော

гарячий / холодний

နွေးထွေးသော / အေးမြသော

війна / мир

စစ် / ငြိမ်းချမ်းရေး

0

нуль

သုည

1

один

တစ်

2

два

နှစ်

3

три

သုံး

4

чотири

လေး

5

п'ять

ငါး

6

шість

ခြောက်

7

сім

ခုနစ်

8

вісім

ရှစ်

9

дев'ять

ကိုး

10

десять

တစ်ဆယ်

11

одинадцять

ဆယ့်တစ်

12

дванадцять

ဆယ့်နှစ်

13

тринадцять

ဆယ့်သုံး

14

чотирнадцять

ဆယ့်လေး

15

п'ятнадцять

ဆယ့်ငါး

16

шістнадцять

ဆယ့်ခြောက်

17

сімнадцять

ဆယ့်ခုနစ်

18

вісімнадцять

ဆယ့်ရှစ်

19

дев'ятнадцять

ဆယ့်ကိုး

20

двадцять

နှစ်ဆယ်

100

сто

ရာ

1.000

тисяча

ထောင်

1.000.000

мільйон

မီလျံ

англійська

အင်္ဂလိပ် ဘာသာစကား

американська англійська

အမေရိကန် အင်္ဂလိပ် ဘာသာစကား

китайська высокочиновницька

တရုတ် မန်ဒရင်း ဘာသာစကား

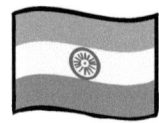

хінді

ဟိန္ဒူ ဘာသာစကား

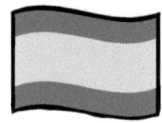

іспанська

စပိန် ဘာသာစကား

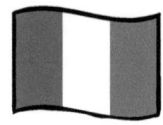

французька

ပြင်သစ် ဘာသာစကား

арабська

အာရဗီ ဘာသာစကား

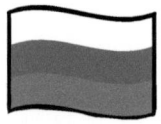

російська

ရုရှ ဘာသာစကား

португальська

ပေါ်တူဂီ ဘာသာစကား

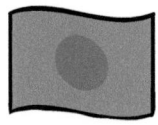

бенгальська

ဘင်္ဂါလီ ဘာသာစကား

німецька

ဂျာမန် ဘာသာစကား

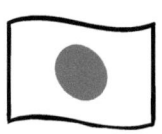

японська

ဂျပန် ဘာသာစကား

я

ကျွန်ုပ်

ти

သင်

вiн / вона / воно

သူ / သူမ / ၎င်း

ми

ကျွန်ုပ်တို့

ви

သင်တို့

вони

သူတို့

хто?

ဘယ်သူလဲ။

що?

ဘာလဲ။

як?

ဘယ်လိုလဲ။

де?

ဘယ်နေရာလဲ။

коли?

ဘယ်အချိန်လဲ။

iм'я

အမည်

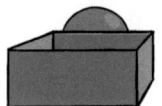

ззаду

အနောက်ဖက်

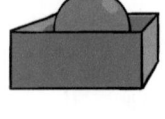

в

အတွင်း

перед

အရှေ့ဖက်

над

အထက်ဖက်

на

အပေါ်ဖက်

під

အောက်ဖက်

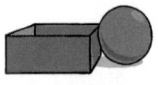

біля

ဘေးဖက်

між

ကြား

місце

နေရာ